以强企之行，

实现强国之梦

杨思卓

- 中国领导力理论领军人物、中商国际管理研究院院长、韩国国立仁川大学数字经济学院院长。著有《中国管理顾问手册》《缔造冠军企业》《领导力3.0》《进入成人世界的9个密码》等18部专著。他以第三代领导力学术与实践的杰出成果，走上哈佛大学讲坛，成为中国管理走向世界的代表。

- 杨思卓经历了公务员、企业家、学者、顾问、慈善家的五重蝶变，成为一代企业家导师，18年来助力三一重工董事长梁稳根、比亚迪董事长王传福、新明珠董事长叶德林、TCL前总裁薄连明、柔宇科技董事长刘自鸿等数十位商界领袖成功，被誉为“黑钻”式传奇人物。他创立的“九段私董会”，成为冠军企业的摇篮；他发起的“书香中国万里行”，成为智慧公益的典范。

缔　　造
冠军企业

杨思卓——著

北京联合出版公司
Beijing United Publishing Co.,Ltd.

图书在版编目（CIP）数据

缔造冠军企业 / 杨思卓著 . — 北京 : 北京联合出版公司 , 2020.10

ISBN 978-7-5596-4317-9

Ⅰ . ①缔… Ⅱ . ①杨… Ⅲ . ①企业管理 Ⅳ . ① F272

中国版本图书馆 CIP 数据核字（2020）第 106414 号

缔造冠军企业

作　　者：杨思卓
出 品 人：赵红仕
选题策划：北京时代光华图书有限公司
责任编辑：管　文
封面设计：新艺书文化
版式设计：张志凯

北京联合出版公司出版
（北京市西城区德外大街 83 号楼 9 层　　100088）
北京时代光华图书有限公司发行
天津市祥丰印务有限公司印刷　　新华书店经销
字数 155 千字　　787 毫米 ×1092 毫米　　1/16　　14.75 印张
2020 年 10 月第 1 版　　2020 年 10 月第 1 次印刷
ISBN　978-7-5596-4317-9
定价：98.00 元

目录

引言

亲爱的朋友，很高兴认识你，我是杨思卓。从你第一眼看到这本书起，一个领导者和他的私人顾问的缘分就开始了。

你肯定看过一些讲领导力的书，也上过一些管理课，但一定还有一些问题没有解决，而且旧问题没有解决的时候，新问题又出现了。好像当领导的宿命就是不断解决问题。不！最好的领导者不是能够解决问题，而是能够让问题不存在。

我在最近10年里做了100多位企业家的私人顾问，讲了500多堂领导公开课，研究过许许多多企业领导者的难题。可以说，是探索着领导者的探索，困惑着领导者的困惑，痛苦着领导者的痛苦，快乐着领导者的快乐。

我之所以能够帮助领导者解决问题，绝非因为比他们更了解问题，而是因为比他们更知道问题的原因所在，并用许多人的实践去补充一个人的实践。

人生苦短，我们生命的极限在现有医学条件下也就只有百年，而许多人用了 10 年、20 年去犯一个错误。这是在浪费生命呢，还是在变相自杀？其实，有些错误，别的领导者也犯过，他们用了 30 年时间找到了正确的路径。如果你也遇到了同样的问题，借鉴他们的经验就可以少走许多弯路。

与其在黑暗里寻寻觅觅，不如借一片灯光找到出路。菜鸟级领导与骨灰级领导有什么区别？菜鸟级领导解决浅表问题，骨灰级领导解决根本问题；菜鸟级领导自己辛苦解决问题，骨灰级领导借助他人解决问题。

在企业界，经常出现不学 MBA 的人领导 MBA，不懂 MBA 的人打败了 MBA 的情况。其实在商业博弈中，当一个正确的策略为多数人所认同的时候，正确就变成了谬误。就好比大家都走在同一条路上，走的人多了，这条道路也就拥堵了。回顾一下，最近几年有很多企业做大做强了，是因为他们遵从了 MBA 理论吗？不是，是因为他们有自己独特的一套做法，本能地避开了大家都走的路。

我也给 MBA 学生讲过课，但是讲课时需要符合教学规划，那是“大锅菜”。更高层更个性的东西在课堂上是没办法讲的。所以，这本书就是要关起门来说几句私房话。这套私房课，明确地说，是为老板和想当老板的人开的小灶，并不是人人皆宜。

今天的老板，处在领导的位置，处在变化中，处在竞争中，需要超越变化地学习、超越团队地学习、超越竞争地学习，并且要学得更快，学得更好，学得更高明，学得更精。如果你有口福，那就能吃到私房菜；如果你有耳福，那就能听到私房课。口福其实不是指入口，而是指入腹入身；耳福其实不是指入耳，而是指入脑入心。

在此，感谢时代光华图书公司，感谢我的助理及本书的所有编辑。这本书的出版，我只不过是站在了前台的聚光灯下，他们才是真正的幕后英雄！

第一章
大事观澜：英雄短命，领袖长青

财富英雄的“前车之鉴”

近些年，创维的黄宏生、国美的黄光裕、东星的兰世立……很多企业家都出了问题。市场的风云人物大起大落，特别是当提到TCL的李东生这个人的时候，我们往往会这样评价：这是一个非常典型的从英雄到领袖的人物。那么，对于这些财富英雄人物，我们应该怎么看？

一群英雄让一个企业落败

2002年，TCL彩电业务取代长虹成为国内同行业的老大，TCL的手机业务也成为国产第一品牌，董事长李东生成为当年CCTV年度经济人物。应该说TCL达到了发展的巅峰。

之后，李东生乘胜追击，高歌猛进，开展国际化业务，接手施耐德、入主汤姆逊、收购阿尔卡特等，而且旗下拥有的高端人才超过其他家电巨头的总和。他手下有一些首领级人才，比如万明坚、杨伟强、吴士宏也都是一路英雄。但是后来 TCL 为什么出问题了呢？

人们常说，“财散人聚，财聚人散”，干得好的企业是财聚人也聚，干得不好的企业是财散人也散。2004 年，TCL 一下子由青春期进入更年期，彩电和手机业务亏损惨重，国际化进程受挫，TCL 的损失按李东生的计算至少 500 亿。

高速行驶的列车变成了脱轨车。财散人也散，众多大将纷纷离去。更令人觉得可叹的是，TCL 损失的不仅是 500 亿和大将，还有李东生身为领袖的尊严。2007 年，在《福布斯》榜单上，李东生被评为“最差老板”。

英雄败落的原因

成功的英雄各有各的成功，失败的英雄都有相同的不幸。能不能从失败的英雄的经历中提炼出一些关键词作为警示标志，安放在前方的路上，让后来的人不再重蹈覆辙呢？

英雄败落，基本原因可以归纳为三个关键词：急弯、超速、醉驾。

英雄败落，基本原因可以归纳为三个关键词：急弯、超速、醉驾。

第一个关键词——急弯。急弯是什么？就是经济转型时期，企业发展进入了事故多发的盘山路段。事实证明，在中国经济转型期确实出现了很多问题。原来是一条直路向前发展，长驱直入，现在到了盘山路段，原来的驾驶技术就不够用了。

第二个关键词——超速。当你觉得技术不够用时怎么办？驾车的人都会有一个本能的反应——减速。少给油门，踩住刹车。但事实上，这些英雄的做法是继续加速。他们的企业本来已经冲在了前面，今年业绩增长20%，明年业绩增长40%，后年业绩增长60%，一个劲儿地加速，已经是“超速驾驶”了，超过了他们的驾驭能力。这种情况其实就是一些企业不断提速发展，最后导致“油门踩到轰鸣，刹车基本失灵”。

第三个关键词——醉驾。醉驾是说有些人一旦取得了成功，就像喝了一种叫作“成功”的酒一样，导致头脑发热，身子发飘。喝了这种酒的人胆子比较大，“不惧路险山高，敢向交警发飙”，用一个字形容就是“疯”，用两个字形容是“疯了”，用三个字形容是“疯透了”。一旦达到这种“疯”的状态，问题也就随之而来。

企业家能够吸取什么教训

有演戏的人就有看戏的人。企业家经常要自己入戏，然后出戏，再回过头来看戏，这才是高手。那么，我们站在另外一面看失败的企业家的时候，会得到什么样的经验教训呢？

我们看到，他们失败了，企业出问题了。出了问题之后该怎么办呢？刘欢有首歌叫《从头再来》，歌词是：“昨天所有的荣誉已变成遥远的回忆，辛辛苦苦已度过半生，今夜又重入风雨。……看成败，人生豪迈，只不过是从头再来。”歌词说得多豪迈，说得多轻松。“只不过是从头再来”，这是文人的说法。做实业的人可以自己想一下，你有多少时间、多少生命的历程、多少生命的资本可以从头再来。事实上，没有多少时间，也没有多少资本。

商场上，企业英雄们有几个真能从头再来的？基本上十之八九是倒下了之后并不能从头再来，像史玉柱那样的人屈指可数。很多时候，小概率事件会赢得我们更多的关注。小概率事件又叫作黑天鹅，因为黑天鹅比较少，很容易被人一下子发现。

一个企业家必须关注大概率事件，如果要吸取教训的话，也要从大概率事件上吸取教训，不要等到自己发生问题了再吸取教训。电影《唐山大地震》里的李元妮比很多企业家的水平都要高，因为她知道“没了，才知道什么是没了”，但是很多企业家是真的“没了”，还不知道什么是“没了”。

一个企业家必须关注大概率事件，如果要吸取教训的话，也要从大概率事件中吸取教训。

在广深高速公路上曾经发生过一起车祸。李阿大是一个货车司机，开的是一辆载重车，结果车在高速路上抛锚了，得修车。但是他又没有带三角警示架，怎么办呢？他让儿子从副驾驶位置上下来，站在高速公路上招手挡住后面的车，让儿子当警示架。结果后面又来了一辆载重车，没刹住车，把他儿子一下子就撞死了。

交警来的时候，问李阿大是怎么回事。李阿大已经蒙了，大脑一片空白，两手一摊，说：“我唔知啊！”意思是我不知道啊，“我的仔没了”，意思是我的儿子没了。很多企业家身上就是发生了这样的悲剧，没了还不知道什么是没了，不知道为什么没的。所以要从李东生、黄光裕、兰世立等人身上吸取经验教训。

其实，李东生在失败之后已经吸取教训了，这才有了后来被称为“鹰的重生”的转机。传说鹰经过40年的奋斗，已经苍老了，如果它想要重生的话，就需要经历一个痛苦的过程才会变成一只全新的鹰，获得新生。

其实一只鹰变成一只全新的鹰之后也没有什么根本不同。再过40年，还会出现一个转折。应该从鹰变成鹰王，变成一只不死的鹰。

英雄配英雄，看起来很美，败起来很快

李东生的大将——那些风云人物走了之后，领导班子进行了重新调配。调配之后，情绪型的领导少了，理智型的领导多了，比如薄连明。这种变化的意义何在？

> 英雄配英雄并不是一种好的组织结构，热血勇士配上冷静绅士才是好的搭配。

我们来分析一下李东生和薄连明的搭配。我认为这种搭配在组织上已经改变了过去的英雄配英雄形式。英雄配英雄并不是一种好的组织结构，热血勇士配上冷静绅士才是好的搭配。薄连明是在深圳航空公司做会计师出身，人非常冷静，是一个职业经理人的典范。李东生这位热血勇士配上了薄连明这个冷静绅士，就好像载重车换了一个司机，李东生到后面当车队老板了，驾驶的司机换成了薄连明等人。薄连明一上台，就提出了一个观念：国际化不是一场闪电战，而是一场持久战。

过去李东生之所以失败，就是因为太过于长驱直入、大刀阔斧，把国际化当成一场闪电战来打，结果进军越南家电市场，18个月就亏了18个亿。人们常说速战速决，TCL的国际化却是速战不能速决。所以薄连明一上台提出了持久战的观点。这就对了，味道就出来了。

所以，成功是一个企业要素的适配，各种要素配合好了，才叫成功，而不是简简单单的机会的把握。懂得把握机会，那说明你是用了胆子；认识到成功是资源适配，说明你开始用了脑子。老板的胆子再加上经理人的脑子，配合起来就成功了。

把别人的失败作为学费，这是我们能够得到的一个经验。

有人可能会说，大部分企业家会在痛苦的失败前转化成领袖。问题是，自然转化率比较低。比方说，企业家能够转化为俞敏洪那样的人的概率不到20%，80%的企业家到头来还是草莽英雄和半草莽英雄。那么，英雄怎么变成领袖？就是当英雄不再是英雄，而开始制造英雄的时候。当手下有一群英雄时，英雄就变成了领袖。

新经济时代的全新挑战

在企业经营管理的道路上，企业家需要什么样的能力，才能不在转弯之处惨遭淘汰？就要像赛车手一样，有很好的驾驭能力。你可能会说，关键是企业家并不知道前面要转弯，因为没有人能够看得到前方的路况。

其实我们可以做一个未来学的预测，通过分析历史、分析现实，就会发现历史和现实之间有一条曲线，然后通过历史、现实和未来这三点的连接，会看到未来的发展趋势。未来的发展趋势是什么呢？就是我们已进入新经济时代，企业面临全新挑战。

什么是新经济

工业革命时代，我们的企业发展基本上是以规模效益为手段，以满足人们的物质需求为基本的增长方式。新经济时代是一个信息技术革命的时代，不再以规模效益为企业发展的主要手段了，而是以知识创新为主要手段，规模效益下降为次要手段，以满足精神需求为基本的经济增长方式。

为什么说满足精神需求成为基本的经济增长方式？比方说，手机以前强调的是功能，人们购买时主要考虑功能；现在更多的是强调款式，人们购买的时候喜不喜欢比功能更重要。所以现在的手机满足了消费者的精神需求就可以获得高增长。在新经济背景下，企业家必须认识到已经出现新的形势了。

新经济时代企业面临哪些挑战

新经济大潮来了，企业会面临哪些挑战呢？这些年来我一直在研究这个问题，我发现会出现这样六个挑战：

第一个挑战是变化挑战远见。时代的变化挑战企业的建设能力，所以，以前靠改，现在更多靠适。时代在不断变化，能否认清这个变化显得极为重要。不仅如此，你的反应速度也要跟上来。这就好比打高尔夫，反复练习，无非是要掌握好角度。但是角度和力度都依赖于反应速度。如果速度没到位，你没跑到那里，能快速寻找到好的角度吗？没有好的角度能有好的力度吗？

就像是你的心到那儿了，你的身体还没到那儿，于是就发不出力来。所以，首先必须练的是你的反应速度，速度到了，角度才能到，然后力度才能到。在经营企业的过程中也是这样，新经济时代已经发生了变化，你对变化的反应速度要跟得上。

反应速度慢了就会落伍。我们知道，企业落伍于时代肯定是不行的。与时俱进行不行？也不行，与时俱进也就是随大流，只考虑和时代同步，没有考虑到个性。真正高明的企业家是走在变化之前，走在时代的前面，那才是真正的高手。

第二个挑战是人力挑战资本。以前是资本雇用人力，企业有钱雇用员工，员工不乐意干活的话，企业把钱给得再高一点，那员工就会乐意干活了。现在是企业给出再高的价钱，员工也不一定会干活了，为什么？现在的员工要觉得爽才会干活。人力开始挑战资本，而且人力的价格是呈上升趋势的，现在已经越来越高，变成了另一种资本，叫作知本，也就是知识之本。

> 真正高明的企业家是走在变化之前，走在时代的前面。

当年，唐骏先生作为职业经理人从盛大总裁的职位上卸任，“转会”到新华都集团，他的“转会费”达到了10亿。这10亿代表了什么？它代表着资本在向人才敬礼。因为这10亿“转会费”跟绩效无关，只要唐骏去新华都工作就值这么多钱，绩效都是后话。

你看，资本已经开始低下了它高贵的头，因为知本是一种能量更大的资本。所以企业开始遇到这个问题，不但人力成本上升，人才成本更是飙升！企业遇到挑战了：原来企业占人才的便宜，现在占不到人才的便宜了。

新经济条件下，我们要的是创新，资本更多的只是满足物质，它不可能创新，创新还是需要人来做的，所以人力就有能力挑战资本了。说得形象一点，资本就是青龙偃月刀或者赤兔马，而人才是关羽。无论是赤兔马，还是青龙偃月刀，都要人来操控。

第三个挑战是创新挑战规则。做企业有很多游戏规则，成功的企业家往往是挑战了这些规则，而失败的企业家则是规规矩矩地遵守着这些规则。其实，每一次创新都是对旧规则的挑战。要想挑战规则，不仅要不拘成法，而且要打破成法。关键在于既要挑战成法，又不能违法，得有一个度。所以怎么去创新，这也是每一个企业家的关键问题。活路是自己走出来的，绝路也是自己走出来的。世界上本来路很长，不会创新最终就会撞上墙。

活路是自己走出来的，绝路也是自己走出来的。世界上本来路很长，不会创新最终就会撞上墙。

第四个挑战是智慧挑战勤奋。在进行资本原始积累的时候，老一代企业家都说要勤奋。新一代企业家大概只用一两年的时间就创造了跟老一代企业家一样多的财富。勤奋到底起到了什么样的作用呢？俗话说，一分耕耘，一分收获。如果耕耘错了地方，一分耕耘不会有一分收获；耕耘对了地方，一分耕耘可能会有百分收获、千分收获，甚至万分收获。所以企业家过去赖以成功的要素现在遭遇了挑战：勤奋固然重要，智慧更是必不可少。

第五个挑战是个人挑战组织。也许有人会问，个人怎么挑战组织？其实，个人有各种各样的方式挑战组织，比如说迟到、旷工、辞职。企业对他进行管理，他表示反抗，甚至把所有不满集中用极端方式表现出来，让组织陷入极其被动的境况之中。

第六个挑战是信念挑战权威。在新经济时代，员工多元化的认识、多元化的存在、多元化的意识开始挑战老板的权威。原来老板说啥是啥，现在不行了，员工会和老板理论说："老板，李开复说是这样的……"跟老板理论的时候，他不是老板的员工，而是李开复的粉丝，他会受到李开复的观点的影响。

新经济时代，上述这六个方面将会是企业家面临的全新挑战，而且这些挑战是必须面对的、不得不参与的。如果有企业家说我不参与，躲开行不行？肯定是不行的。

有些企业家也说过不参与国际化。其实，很多人都有这样的误区，认为在国内做企业就叫国内化，到国外做企业就叫作国际化，其实不然。中国现在已经是国际化市场的热点。在中国做企业也是国际化，你不想跟老外竞争，老外也要跟你竞争，这是一场新的博弈，不分级别的博弈。

比如王老汉在村东头卖了十年茶水，没人跟他博弈，但是现在送货车来了，送来了可乐。可乐是世界级企业的产品，而且送货车上还有冰箱，人们一喝，感觉就是一个字，爽。那王老汉的茶水销量就会受到严重的挑战。王老汉根本就不可能不接招，送可乐的货车已经直接开到村口了。如果不接招，他的茶水销量就会大减。

那王老汉该怎么办？王老汉可以把茶水变成王老吉。不想办法去改变，肯定就没生意了，就得回家抱孙子去了。企业家迟早都会遇到这种较量。现在有一部分企业已经接招，接受挑战，开始和国际化企业较量了。

做好未来学预测，提升自己的驾驭能力，在转弯之处就可以自如应对，不会惨遭淘汰。

看得见的高度，看不见的能量

有人说，商场是一场赌博，经营是一场赌博，甚至人生就是一场赌博。说得都不错。其实，任何比赛都带有一定的赌博性质。那么，企业经营和赌博有什么不同？

企业经营与赌博的不同

如果说企业经营是一场赌博的话，那么它会有不同的呈现方式。前期市场充满机会，在机会不均等的时候，赌博的成分会更多一些。在一个发展不均衡的市场，如果你押中了，就赢了。在市场后期，机会越来越少的时候，抓牌的好坏就成为次要因素，由原来的扑克牌、麻将牌变成了围棋、象棋的博弈。

拿围棋和象棋来赌博的人比较少，为什么？因为围棋、象棋是靠实力，靠博弈能力的游戏。当一个企业不再依赖机会，而是依赖核心竞争能力的时候，往往是到了它真正能够取胜的时候。由机会的赌博到能量的博弈，完全是两种不同的性质。

我们会看到，大部分企业发展初期依赖的机会，到了转型期之后就没了，或者说机会就变了，能长久生存下来的企业都是具备核心竞争能力的企业。这就跟棋手一样，不用落子，成败已经了然于胸。

一个企业家必须成为博弈高手，而不是那种只会“斗地主”的人，只有抓一把好牌才能赢。还有的人即便抓了一手好牌，也打不好，四个 2 也会把两个王给带出去。

领导业绩取决于领导能量

如果把企业家的失败归结出一个原因的话，那就是能量不够。因为有些失败的企业家的能量只是常人的能量，可企业家需要的是英雄级的能量。

人的能量会分为四个级别：第一个级别叫常人级，常人级的能量是十级和百级能量。通常你看不出这种人的能量大小，但是观察之后就知道了。常人经常表现出的能量情绪是羞愧、内疚、冷漠，这些情绪足够十级的能量。如果他有悲伤、恐惧，那么能量就会增大，就到达百级的能量。所谓十级的能量，最多能领导十个人；百级的能量，最多领导一百个人。然后，能量再增大会成为英雄级。英雄这个级别基本的能量情绪是欲望、愤怒与骄傲，有这些能量情绪的级别也叫英雄级的低阶。在英雄级的高阶，表现出来的能量情绪会是勇气、自信和主动。你可能会说，一些失败的企业家并不缺乏勇气、自信和主动，他们为什么会失败呢？

其实，失败的企业家也已经到了英雄这个级别了，但是他们缺少另外的一些东西，比如宽容、明智、仁爱，这些是领袖级的低阶需要的能量。到了领袖级的高阶，需要的会是喜悦、平和。个人能量与心境相关。“人逢喜事精神爽”，人们喜悦、平和、超然时，最容易做出正确决定。那么，领袖再往上发展会是哪个级别？

领袖之上是导师级，孔子、释迦牟尼、耶稣都属于这个级别，他们所表现出来的能量是开悟超然。他们是历史上创立了信仰的模范，拥有让历代无数人跟随的伟人的能量，这是一种强大的能量。

这就是一个领导百万千万人的人，叫作领袖的根据。而所谓的天下归心，说的是领导者的最高境界。而领导者想要创造更好的业绩，需要有更多的追随者才能办到。能量越大的领导身边聚集的人越多，这样的领导的业绩也就越好，因此，领导的业绩取决于领导的能量。

> 领导的业绩取决于领导的能量。

能量比决定领导力

在一个组织里，领导者的能量低于被领导者能量的总和，就会产生涣散；领导者的能量等于被领导者能量的总和，就会产生抵制；领导者的能量略高于被领导者能量的总和，就会产生嫉妒；领导者的能量甚高于被领导者能量的总和，就会产生敬佩；领导者的能量到了被领导者能量无法企及的地步，就会形成追随。

有人可能会提出这样的疑问，我想领导一个人，是不是我的能量就一定要超越他？其实，一个领导最重要的不是自己的能量有多强，而是让别人的能量发挥出来有多强。比如，如果你有百万级能量，就能调动十万级能量的人。但是你如果只有十万级能量，去调动百万级能量的人就会有问题了，就会出现涣散。也就是说，在一个组织里，领导者的能量低于被领导者的能量，就会产生涣散。

那么，我们有了百万级的能量能不能调动百万级能量的人？当你的能量和你领导对象的能量相等的时候，遇到的可能会是抵制、否认。对方会认为，你凭什么领导我？我还想领导你呢。而且每个人都倾向于放大自己的能量，本来自己是十万级能量的人，他会认为自己是百万级能量的人。所以，他就会不服从领导。那怎么办？领导的能量必须超越他。超越了他之后，领导得到的也不一定就是理想结果，能量超越他一点点的时候叫作略高于，这个时候你做他的领导得到的未必是他的服从，很可能是他的嫉妒。

为什么人取得了成就之后会遭到别人的嫉妒，会有人批评他、挑衅他、贬低他，还有人拿放大镜来挑他的毛病？其实这是正常的现象，当你的能量超过别人的时候，对方往往会嫉妒。

我们在工作中也经常会遇到这类问题，怎样才能让别人敬佩？你的能量甚高于被领导者的能量才能让他们产生敬佩。打个比方，在一群羊中你是最好的羊，你遇到的是抵制，会有羊嫉妒你、诋毁你，说你的腿瘸了一点，毛不够鲜亮，挑你的毛病。如果你超高于同类，就已经不是羊了，已经变成牛了，这群羊一看，会觉得你真牛。那为什么不是变成牧羊犬呢？因为你变成了牧羊犬之后，羊会怕你，却不会敬佩你。你变成牛了，明显高于他们，别人可能连挑衅你的想法都没有了，服了。

所以在企业里，作为领袖，如果你的能量是被领导者无法企及的，他很快就会产生敬佩了。你的能量一定得比下属或你领导的团队高出至少两个级别，而不仅仅是高出他们一个级别。

作为领袖，如果你的能量是被领导者无法企及的，他很快就会产生敬佩了。

正能量与负能量

可能有人会说，敢于嫉妒别人的人是有能力的人。其实不然，应该说嫉妒别人的人的能量还是比较薄弱的，在能量级别上，嫉妒别人的人基本属于常人的能量。因为大部分的嫉妒所导致的是不作为，是把被嫉妒的人攻击倒。嫉妒也是一种能量，但是很多时候嫉妒导致的是负能量，在竞争中，嫉妒的人会想大家谁也别想向上发展，这是一种带有负向的能量。

有一些能量用在了负向，用在了不恰当的地方就会成为一种破坏性能量。应该说，敢于超越别人的人，能够超越别人的人，才是能量高的人。能够超越，也包括超越了嫉妒，虽然心里很羡慕对方或者很嫉妒对方，但是不会想着打倒对方，而是想着自己要比对方发展得更快，从而超越对方，这才是正能量。

能量来自哪里

通常我们都会说，每个人出生的时候都是常人，那有没有人一生下来就是圣人呢？也就是说，人的能量到底是天生赋予的，还是后天培养的？

其实，能量有两部分：一部分是天生的，另一部分是后天学习培养的。有的人有一些天赋，天资聪颖。有天生能量的人特别适合做英雄，比如运动员，大多有先天条件，跑得快，耐力好。

英雄要有天赋，后天的能量也必不可少。后天的能量是通过学习得来的，做领袖的能量往往是通过学习获得的。可能看上去没有什么特长的人也能成为领袖，比如《水浒传》里的宋江，他没什么长处，但是为什么他可以做领袖呢？我们知道，宋江有一个绰号是“及时雨”，他能够做领袖，其实靠的是他的人际关系，他和其他人之间的友善关系。正是因为他愿意帮助别人，所以才能聚拢那么多英雄。

新领袖，决胜六度空间

2019年，美国《时代周刊》公布了全球最具影响力百人榜，该榜单共分五类：先锋、艺人、领袖、偶像、业界大亨。其中，在领袖类榜单上，字节跳动创始人张一鸣榜上有名。从某种意义上说，张一鸣已经不是一家企业的英雄，而是代表新锐科技的领袖了。英雄和领袖具体有什么不同呢？能量形式不同，考核标准不同，职业角色不同，自我要求不同。

能量形式不同：从能量线到能量场

英雄具备英雄的能量，领袖具备领袖的能量。英雄的能量和领袖的能量在形式上不同，英雄的能量基本上是基于天赋的一条线，胆大就是胆大，心细就是心细，聪明就是聪明。能量是一条线，主要发挥的是自己的作用。

领袖是一个能量场，是几种能量聚合到一起形成的场，更多的是发挥他人的作用。英雄成功的方式是勇气加天赋，领袖成功的方式则是内外能量的聚合。

> 英雄成功的方式是勇气加天赋，领袖成功的方式则是内外能量的聚合。

英雄和领袖的本质区别就在这里，自己的能量和别人的能量的聚合，能量线和能量场的能量形式不同。因此，英雄是用个人能力挑战命运的人，领袖是用众人能力改变命运的人。

考核标准不同：从不以成败论到以成败论

前文我们说过，英雄和命运经常会连在一起，但是用个人能量挑战命运与挑战成不成功是两回事，所以人们常说不以成败论英雄。英雄只要敢于挑战命运就行了，敢于挑战命运就已经表示他有巨大的勇气，虽败犹荣。但是领袖不同，领袖依靠的是众人的能力，如果挑战命运失败了，就是因为领袖领的方向错了，导致车翻了。

英雄一直在努力，而自己努力的人，出路总是有限，即便失败影响也不至于太大。领袖一直在借力，借力的人擅长用人，往往是“好风凭借力，送我上青云”，借力的人一旦失败，影响的人非常多。可见英雄和领袖的考核标准不能一样，可以不以成败论英雄，但是一定以成败论领袖。

职业角色不同：从赢家到庄家

英雄和领袖的职业角色也不同。在商场中，英雄的目标往往是通过挑战命运来成为赢家，就像在赌场上，英雄是来赌的，拿自己的命运来赌明天，最后成为赌场上的赢家。领袖不是来赌的，是设局的，他们是赌场上的庄家。庄家的赢是必然的，玩家的赢是偶然的。

英雄的命运经常是很波折的。因为领袖作为庄家，往往布好了局，等着玩家来挑战，他稳坐中军帐，无论是什么赌场，庄家都是最大的赢家。当然英雄也有赢的时候，不过概率比较小，偶尔赢一次那也是小概率事件，绝大多数时候都是庄家赢。

英雄需要的是英勇，领袖需要的是英明。所以，大多数人失败的原因往往是英勇但不英明。一旦你自己变得英明，就不需要英勇了，你领导的人很英勇就够了。

在我的课堂上，绝大多数企业家都曾经问过我，“90后”步入职场，这些人事业心不强，不能吃苦，又急躁，急功近利，纪律涣散，崇尚个人主义，没有集体观念等，这是“垮掉的一代”，怎么领导这样的人？

其实，往前追溯，我们就会发现，新中国成立后就有这样的说法：30年代、40年代的人说50年代的人不行，50年代的人说60年代的人不行，60年代的人又说70年代的人不行，70年代的人又说80年代的人不行，“80后”说“90后”不行。为什么一直这样说，社会还在发展呢？其实这是一个误区，是你自己能力不行了，你才会说别人调皮捣蛋，如果你自己能力行的话就不会这么说了。

我研究过一个案例就是这样。80年代末和90年代初出生的一批人组成了一个团队，他们比50年代、60年代的人还疯狂，还敬业，还有事业心。这些人来自全国各地，基本都从事高知识行业。

大家知道，网络上有一个游戏叫《魔兽世界》，是暴雪公司开发的。大型网络游戏都是团队作战，我所说的团队就是《魔兽世界》里的一个团队。由15个人组成，专门跟别人作战。这些人为这个团队疯狂到什么程度？白天上班吊儿郎当，一到晚上7点半都会准时上线，竟然半年内没有一个人迟到过。这有没有纪律性？有没有责任感？很有纪律性，很有责任感。

而且他们经常会有疯狂的举动，比方战斗正在激烈地进行中，我方和敌方进入胶着状态，有人冲锋，有人掩护，有人支援。这时，突然有人请假那行吗？肯定不行。但是也出现过请假的事，有人说："报告长官，我要请假。"长官说："继续坚持，坚守岗位。"过了一会儿他又说要请假。他跟长官说，洪水已经淹到了二楼，他要请假五分钟把电脑搬到三楼去。

他们为什么会这么疯狂？怎么能够调动他们的疯狂？看游戏名字就知道了，不愧叫作《魔兽世界》，让你入魔。好的游戏规则一定会调动人，能够调动你的激情，让你觉得好玩，乐此不疲。

"90后"们越来越耐不住迟来的爱，他们想要现世报，所以，给50年代出生的人说年薪，还可以商量，给90年代出生的人说月薪，他都不想商量。国外的企业基本都是周薪，甚至日薪，他们已经没有耐心等待了。确实很多企业都存在不公平现象，奖励不及时、各种不公平导致了员工不愿意和企业玩游戏。

在网络上，公平直接体现为分数，掩护有多少分，冲锋有多少分，做将军有多少分，做战士有多少分，特别公平。如果发生不公平现象，立刻就会改规则，直到改到玩家认为公平为止。所以，要先看看你自己的企业是什么情况，不去研究自己企业的具体情况，就说“80后”“90后”不行是不对的，其实是你自己不行，是你没有本事让他们聚拢在你的企业里。

你得认识这样两个原则：一是激情，一是公平。做到了这两个原则，员工就会疯狂投入。如果你不能管住员工，只能说明自己的能量不行，应该提升自己的能量。

自我要求不同：从做最好的自己到做最好的团队

英雄对自我的要求借用一句广告语来说是“做最好的自己，我能！”。其实这个口号是错误的，依照这个口号的人只能做到英雄级，如果再想做得级别高一点，那就不能是做最好的自己，而应该是做最好的团队。这就是领袖对自我的要求。

我曾经遇到过这样一个人，在企业刚起步的时候，他就不干具体的工作，也从来没做过英雄，直接就做了领袖。这个人是国内比较著名的装饰公司居众装饰的董事长刘海宁。有一次，跟他在某节目的录制现场相遇，他告诉我说，他们公司起步的时候是四个人，那个时候他就不干具体的工作了。

其实他是一位“宋江”，后来他手下凝聚了多位英雄，也不少于一百单八将了，企业规模已经近万人了，他还是不做具体的工作。所以开悟得早的人，一开始就做领袖。有时候，人会因为一无所长，而重用英雄；有时候，恰恰是因为自己很能干，反而会误入歧途，最后让人看不出你能干。

如果直到企业发展了十年后的今天，你还是一个人冲在前面，高喊着“同志们，跟我冲啊”，那你就是英雄。如果你是喊着“同志们，给我冲啊”，那你就是个领袖。先做英雄再做领袖或者一开始就做领袖，这两条路都可以，条条大路通罗马。只是，如果你想要成功，想要做一个新经济形势下的管理者，必须完成从英雄到领袖的转变。

乔布斯是英雄还是领袖

对于乔布斯这个人，准确的定义应该是英雄的高阶、领袖的低阶。为什么这么说呢？1985年，乔布斯被赶出苹果的时候，是被他自己请来的人赶出去的，而且当时是董事会一致同意赶走他的，你说这样的人是英雄还是领袖？把自己的江山都丢了，肯定是个英雄。被苹果赶出来之后，乔布斯气得要命，把苹果公司的股票卖得一干二净。

离开苹果之后，乔布斯历经坎坷，直到1997年苹果遇到了问题，大家又想起了这个往日的英雄。准确地说，也不是人家想起来的，是乔布斯一直跟苹果公司联系要回来。十年来，联系一直没断过，最后苹果让他回来了。乔布斯回来之后，吸取以前惨痛的教训，开始转型变成领袖了。这次他不但没有再被赶出来，而且业绩节节上升。苹果公司当然也看到了他的业绩。前文我们说过要以成败论领袖，显然乔布斯已经取得了成功。

这个时候的乔布斯已经是领袖级了，但是算不算领袖的高阶呢？我觉得还够不上，因为他的光环已经盖住了苹果公司本身。当一个领袖的光环盖住了企业的时候，没有人或者是很少有人能替代他，但这样企业的持续发展就会发生问题。没有这个领袖之后，企业要如何发展？

杰克·韦尔奇才是高阶的领袖。他早早就把接班人选好了，选了伊梅尔特，而且还扶上马送一程。杰克·韦尔奇在活着的时候就安全退出，在巅峰时刻完美谢幕，而乔布斯是由于身体状况不好才退出的。这也是因为他自己太过于英雄了，把身体当赌本都搭上了。

56 岁应该正是风华正茂的时候，结果却过早地凋谢了。他还来不及完成人间的使命，就被上帝召回去了，所以他还处在领袖的低阶上。当然，不容置疑，他确实是光芒照人的领袖。那么，英雄们需要思考一下，你是要做乔布斯，还是要做杰克·韦尔奇？

新领袖的六种能量

总的来看，我们会发现新经济领袖有六种能量需要学习。

第一种能量是正道的能量，正道不是先天就有意识的，而是后天认识到的。

第二种能量是运筹的能量，也是经营的能量，怎么去运筹帷幄，这也是后天学来的。

第三种能量是人才的能量，就是利用其他人的能量，调动他们来完成你的使命，这又是一种能量。

第四种能量是组织的能量，人才是一张牌，组织是一副牌。你有一张又一张的好牌，却未必能打赢，关键要看这副牌怎么组合，这就是组织的能量。

第五种能量是制度的能量，你的游戏规则制定得很好，才有人愿意跟你玩游戏。

第六种能量是文化的能量，人才也好，组织也好，怎样能够紧紧地凝聚在一个人的周围，这就是企业文化和个人魅力所致。

那么这六种能量的关系是什么？可以这样来看：精诚为道，运筹为术，有道无术不行，有术无道也不行；人才为本，组织为器，有本无器不行，有器无本也不行；制度为体，文化为魂，就像人的躯体和灵魂，形在而无神，这个人就是行尸走肉。一个组织也是这样，给制度的躯体加上人性的灵魂，加上好的文化才行。

精诚为道，运筹为术，人才为本，组织为器，制度为本，文化为魂。这是新领袖的六度修炼空间。

精诚为道，运筹为术，人才为本，组织为器，制度为体，文化为魂。这是新领袖的六度修炼空间。这是我做企业家顾问十年后首次提出的领袖能量修炼模型，也可称之为六度统驭理论。修炼这六种能量，你就可能从攻城拔寨的英雄升级为运筹帷幄的领袖；修炼这六种能量，你就可能从创业有成的财富英雄转型为基业长青的企业领袖。

在新经济形势下，你的企业能不能做大做强、长治久安，取决于你的能量、你的统驭力的提升；在经济转型期，中国企业能不能续写辉煌、创造更多的奇迹，端赖于中国企业家这一群体领袖力的提升。

第二章

基业长青：正道的能量

一阴一阳，财富自有非常道

我们经常听到“商道”这个词，那怎么理解商道呢？有人说，商道就是商人要把握的商业的规则和规律。那什么才能够称为规律呢？有人说，小商在德。但是，经常是有德的人赚不到钱，没德的人却赚到了钱。

所以，商道其实是包含了利益的。为什么有的人有德获得了成功，有的人没德也赚到了钱？最后归结到了《易经》里的那句话，“一阴一阳之谓道”。也就是说规律会有两极，一个阴极一个阳极，阴阳两极放在一起叫作“道”，失道者往往是失去了另一极。

两极是指什么

两极的第一对字是诚和精。商道在于诚，也就是诚实。诚与精必须是一对，诚是阳极，精是阴极，既能够诚实守信，又能够精明善变，这两个方面都做到才能够成事。你只会诚实守信，不会精明善变也不行。西班牙的埃尔布利餐厅曾经5次在“世界上50家最好的餐厅”评选中夺冠，却在2011年7月30日宣布停业。世界上最好的餐厅为什么会关门？因为他们诚信是有了，味道也很好，却不赚钱，导致成本居高不下，最后只好关门。

两极的第二对字是义和识。是说人要讲义气，又要有见识。讲义气就是要对人好，有良好的社会关系。如果你只懂得讲义气，没有辨识别人的能力，跟错了人，那这种义气就成了普通的哥们儿义气，终有一天你可能会为义气所伤。

两极的第三对字是恩和威。施恩，以德服人是优点。如果你从来都不动怒，那么有些人会因为你有德而尊重你，同时也有人会觉得你是老实人，来欺负你，挑衅你。所以，给人以恩，也要懂得恩威并施，这样才能够始终占据支配地位。

阴阳之道在于平衡，一高一低就会发生倾斜。如果你诚实守信，但不能精明善变，对手就会超过你；如果你能兼济天下，但不能知人善任，就会为人所伤；如果你恩高威低，就会有人钻你的空子。许多企业家失败的原因都在于失衡。

失败的原因在于失衡

有些人坐在家门口卖了十几年茶叶蛋卖得也挺好，自得其乐。有人说那不叫有道，其实，那也可以叫有道，只不过道行比较低，毕竟他并没有失衡。那是一种低水准的平衡。大部分小商贩都处于低水准平衡，而大起大落的企业家属于高水准的不平衡。如果能够保持大企业持续发展，就叫作高水准的平衡。

当年上海首富周正毅为什么会失败？因为他缺少厚道，精明过头了。他跟别人做生意，自己一定要赚钱，而且他赚了人家的钱，还要让人家觉得不爽。直到他被抓进监狱，还欠了很多人的钱，包括香港的一些中介机构也在起诉他，人家帮助他买壳上市，可是当初他答应给中介机构的佣金直到进了监狱都没有给足。

周正毅和别人做生意的时候，本来双方都应该分 10，但是他给人家的是 9，他要占别人的便宜，自己得 11。周正毅所代表的道是“9、10、11”。

其实，李嘉诚所代表的道，总结出来也是“9、10、11”。但是，李嘉诚的算盘是这样的：和别人做生意，本来双方应该各分 10，他会给别人 11，自己只要 9。这就是厚道，厚道里有没有精明呢？也有的。如果应该给别人 10 的时候，你给了他 9，别人可能也说不出来什么，因为他目前还得依靠你。但是如果在应该给别人 10 的时候，你给了他 11，那他会怎么想？他应该是大喜过望的，因为他在心里估计自己很可能只分到 9，没想到最后分到了 11，完全出乎意料。他尝到了甜头，下次还会再跟你做生意。可能第二次跟你做生意的时候他依旧很审慎，第三次跟你做生意的时候还是很审慎，一直到做了很多次生意之后，就会放弃对你的戒备。然后就变成了你说什么，他就做什么，他觉得跟着你不会吃亏。

开始的时候，李嘉诚也出一些本钱，大家一起做生意，一旦他的品牌建立起来，他就算不用拿钱也照样做生意，他的个人品牌就是钱。比如在某某地方拿到一块地，有1000亩，大概需要投资60亿元。他说，弟兄们，咱们一起做了十几年生意，我最近又有一个机会买1000亩地，需要60多亿元，大家谁来投资？和他合作的那些人知道，如果投资了一定会有好结果的，于是都会来投资。60多亿元在10分钟之内就聚齐了，之后年回报率达到了50%。原来讲好的给你20，结果他给你25，你肯定会高兴。其实李嘉诚自己什么都没出，也分得了25。可见，做大商人的人，信誉和精明是一体的。

信誉和精明是一体的。

企业家怎么防止好心没好报

作为企业家，有时候你可能知道自己有多少诚，却不知道自己有多少精。你跟朋友讲义气、跟客户讲义气，但是不懂得识人，做了好事，给人让了利，结果还有可能受伤。那么，企业家要如何防止自己受伤呢？

是诚还是精，通常自己的感觉是不准的，那怎样才能准确知道呢？可以看别人对你的评价。假如有人评价你“真是个好人啊”，你就要注意了。如果还有别的评价跟这句话一起说，那很可能对方就是夸奖的意思；如果对方只有这一句评价，那就是说你没有别的优点可说了。就像赞美女人的时候，如果对方漂亮就赞美她漂亮，为什么有时候会赞美女人有风度呢？因为她不漂亮。为什么有时候连有风度都不说，而赞美她气质好呢？是因为她连风度也没有，只好说内在的，气质就属于内在的。

所以，当有人评价你是好人的时候，很可能是说你是个滥好人。同样，假定人家说你太精明了，也可能是你精明过头了。就好像说你“太有才了”，那并不一定是恭维你，很可能是在骂你。所以，不要听到人家评价你太有才了就沾沾自喜，不要听见人家说你是个精明人就沾沾自喜，这很可能是因为你在道上有偏颇了。听到这些评价的时候，要不断纠正自己。

精明人要双赢，你真正上道的话，就会知道双赢里头还有章法。双赢并不是同时赢，也不是对等赢，一般是先赢者小赢。世界上的事都是这样的，可能工厂还没开工，工人就发工资了，然后产品没卖出去，员工就有奖金了，而老板一直在投入，却什么都没得到。其实，先赢者小赢，后赢者大赢。你想要大赢的话，就要耐得住性子，把小利让给别人，让人家先赢。

双赢并不是同时赢，也不是对等赢，一般是先赢者小赢。

大人物和小人物在一起的时候，有个谁先赢谁后赢的问题，大人物会后赢，后赢者会有厚报，是后面的后，也是丰厚的厚。有时候看起来好像是不平衡的，其实是一个动态平衡的过程。所以你要不断调整自己，调整自己的智力支出，调整自己的心态，调整得好的话，就会取得双赢。

如果你跟别人合作的时候，发现对方有不足，甚至道德上有缺失。你可能会觉得，我不管他，对这样的人不用太好。其实，对谁都要好，哪怕是对罪人也要好，只不过好的方式不一样。

有这么一个故事。老和尚和小和尚在河边坐禅，两人都有慈悲之心。看到一只蜻蜓掉到河里了，在水中挣扎，老和尚伸出一根手指，把蜻蜓救上来放到地上。小和尚看到后，心里非常感动，觉得师父真是慈悲。一会儿，一只蝎子掉进河里了，在水中挣扎，小和尚也用手把它捞上来，结果被蝎子蜇了。他一甩手，蝎子又掉进了河里。他又伸手去捞，又被蜇了，手指立刻肿起来。看着在水里挣扎的蝎子，小和尚很犹豫，是救还是不救呢？不救的话显得他不慈悲，救的话又会蜇了手。这时，老和尚拿一根树枝捞起蝎子，放到岸上，笑着说："慈悲也要有慈悲的手段。"

老和尚的话很对，慈悲也要有慈悲的手段。其实，慈悲还要看慈悲的对象，面对不同的对象，要采取不同的手段。这也就是法治小人，理治君子，无为治圣人的道理。

慈悲还要看慈悲的对象，面对不同的对象，要采取不同的手段。

陈光标曾被称为中国"首善"，很多人知道他，是因为他沸沸扬扬的"裸捐"，却不了解他到底是怎么样的一个人。其实，我们讲的诚、义、德都和慈善有关。慈善是一种什么性质的行为？慈善是一种献出仁爱和仁心的行为。

这样来说，假定你在路边看到一个孩子正处在饥寒交迫中，你把他领回家，抚养成人。然后你每次领这个孩子出去的时候，都告诉大家这孩子当年在路边快要饿死了，是你救了他，把他培养成人。对于孩子的自尊心来说，那你的行为是慈善还是羞辱？有句话很有道理，叫作"世上第一等的学问是为彼此着想，世上第一等的祸患是放纵自己的欲望”。你为了满足自己炫耀的欲望，一次次提起自己的善行，那善行就不再是善行了。

前些年，有个企业家被杀了。因为他借给了他侄子一笔钱，帮助侄子做生意。这本来是一件好事，但是从他借钱给侄子之后，就不把侄子当人看，说打就打，说骂就骂，说羞辱就羞辱，最后侄子忍无可忍，拿刀子把他杀了。所以，做慈善本身是件好事，但更大的慈善是怜悯人，是同情人，是保护人的尊严。

再看陈光标是怎么做慈善的。有一位体操运动员退役之后成了小偷被抓了起来，刑满释放之后开始卖艺乞讨，这件事被媒体曝光了。陈光标得知这件事之后，说要给这位退役运动员提供工作。那位运动员进了陈光标的公司之后直接就当了副部长，成了领导。结果后来那位运动员还是辞职了。在一次电视台采访中，那位运动员说自己是因为觉得遭到了羞辱，所以才辞职。

还有一对夫妇因为女儿得了病，要换器官，需要 50 万元手术费。本来社会应该可以帮助他们解决的，但由于当时陈光标是“首善”，很出名，夫妇俩就在陈光标的公司门口长跪不起。陈光标给了他们 5000 元钱，他们不要，还说：“给 5000 块钱还不如不给呢，你到底是真善人还是假善人？”最后陈光标又给了他们 2000 元钱，夫妇俩才非常不满地走了。

这件事表明，陈光标就像前面提到的小和尚一样，做慈善还是在善心的初期阶段，经常被蜇了手。那应该怎么做慈善呢？

慈善不是一件需要大肆宣扬的事情。古代人常说要积阴德，做好事不要让人知道，要想让人知道的好事比恶事还恶。一个人做了错事不想让人知道，说明他有了羞耻感；做了好事想让人知道，说明他想宣扬自己，想作秀。西方文化中也认为做慈善是不能宣扬的，做慈善应该是私下的事，你知我知天知地知就行了。

当陈光标把慈善变成一件大肆宣扬的事，变成作秀的时候，就会自取其辱。2011 年，他说要开万人演唱会，让人来听他唱歌，宣传慈善。有人说他唱得又不好听，人家凭什么来听呢。他说，不要紧，来一个人我给他 2000 元人民币。1 万人不过就是 2000 万元人民币，肯定会有人来的。还说圣诞节要到美国华尔街去劝捐，羞辱一下华尔街的富人。其实，做慈善在西方是一件很普遍的事情，华尔街的穷人很可能比我们很多中产阶级的生活都优越。如果你有这个善心为什么一定到美国去呢？还是你只是想把这种事情张扬出来？这样张扬出来之后，德就没了，功也就没了。

其实我们的企业家何苦自己去做慈善呢？完全可以像巴菲特、比尔·盖茨那样，成立一个慈善基金，由基金管理人去管理，自己就免去了麻烦。而且慈善一定是所有人做的事，不是一个人做就可以的。一个人做慈善是作秀，所有人都做慈善那就是仁爱了。企业家可以带动员工跟着自己一起做慈善，那样慈善活动才能形成一个社会能量场。

正确的商道也应该是一阴一阳，谋阳财，谋求的是阳光下的财富；积阴德，是德莫如显，能不欲见。这两个道放在一起，叫作正道，否则就是歪门邪道。

不解“财商”，注定频频受伤

韩国著名作家崔仁浩曾经写过一本书叫作《商道》，讲的是韩国“商圣”林尚沃的经商经历，既有商业的规律，也是做人的道理。看这本书的时候，我发现书里有很多适合中国人的东西，尤其是有中国古代商人的一些智慧。

《商道》这本书中最有启示的是四个关键词：死、戒盈、鼎、梯（见图 1）。

图 1《商道》的四个启示

死：一切终将归零

只有感悟死亡，才能看透危机；只有感悟死亡，才能看透商机。因为人死亡之后就什么都没了，财富也已经没有了意义。所以说创业的时候，可以读《三国演义》之类的书；但守业的时候，要想持续发展的时候，一定得读《红楼梦》。

《红楼梦》讲的是败亡，无论曾经多么繁华，最后不过是“落了片白茫茫大地真干净”。我们很多企业家一生都在忙，每天都是忙忙碌碌的，直到离开这个世界的时候，还没有弄清楚人为了什么活着，为了什么而忙。因为这种人很少读书，懂得的道理少。很多书是上千年来积累的知识财富，通过读书可以明白很多道理。到底为什么而忙？当你真正明白了死亡，就明白了为什么而忙。

戒盈：巅峰即悬崖

所谓的成就等于什么？第一，成就等于生命。一个人的生命存在的意义在于生命可能没有结果，但生命一定会开花。第二，成就等于财富。有财富，也就是有了结果。第三，成就等于快乐，有生命有财富的人未必快乐。生命、财富、快乐三项都有了的人才算是成功。

当这三项其中一项等于零的时候，就不能算成功。当然，生命、财富、快乐在人生中未必都求 10 分，7 分即满分，10 分即 0 分，因为巅峰即悬崖，完美即完结。

完美往往是一个理想境界，一个真正高明的企业家，会知道完美永远在遥远的地方，完美只是一个目标而不是一个指标。追求完美，知道自己在路上就行了。不管是人还是企业都是这样，做得太精太细没什么必要，豁达大度一点，有利于自己发展，也有利于别人发展。

一个过于精明的人，把账都算尽了，往往赚不到大钱。不妨像李嘉诚一样，留出 1 分给别人，留出 1 分作为改进的余地。所以，人生要戒贪、戒嗔、戒痴。戒了这些才能达到智慧人生。

> 完美只是一个目标而不是一个指标。追求完美，知道自己在路上就行了。

鼎：万事皆须平衡

我们都知道，中国古代有一个东西叫作鼎，是三足的。一个鼎要有三个足才会达到平衡。在整个商业世界里，为人或者为商中，都有财富、权力、名誉三个方面要平衡。

这种平衡跟我们平常说的静态的平衡不一样，这是一种动态的平衡。就是说，这种平衡是一个达到 5 分，一个达到 4 分，一个达到 3 分，而不是三个都达到 5 分才算平衡，也不是三个都达到 4 分才算平衡。因为财富最大化未必就是权力最大化，有些人追求财富，追求名誉，又追求权力，三个标准都达到最大化的时候，会发生冲突。所以把财富让出来一点，把权力让出来一点，把名誉让出来一点，三者达到 5 ∶ 4 ∶ 3 的比例的时候会更好。即使发生变化也没关系，一会儿这个高一点，一会儿那个高一点，保持动态平衡就可以了。

梯：财富本是梯子

我们想要登天，就需要一架梯子。我们辛苦获取的财富其实只不过是一架梯子，我们要获得人生的幸福，这才是路。有些人开始的时候是为了幸福而赚钱，可是赚来赚去，十之八九变成了为赚钱而赚钱，钱越赚越多，已经不是你的需要了，而是你想要了。

打个比方，一个人赚 5000 万就够用了，那为什么有些人赚了 5000 万以上还在赚？为了赚钱，一生奔忙，最后发现是梯子搭错了墙。黄光裕就是这样，梯子搭来搭去，最后搭到了监狱里，少赚那几十亿不行吗？为什么非要这样做呢？最后变成没了目的，只剩下手段，人成了钱的奴隶。还有更厉害的，有些人忙来忙去，不但把梯子搭错了墙，还把梯子搭到了地狱里。所以千万不要搭错梯子。

我们要重新梳理一下对财富的理解及人和财富之间的关系。比方说，人的财富在10万级时，对财富的感觉是渴求；人的财富在100万级时，对财富的感觉是需求；人的财富在1000万级时，对财富的感觉是要求；当财富增加到10亿级，会觉得钱还算什么。这时，创造和支配财富的快乐远远超过了拥有财富。

其实，这世界上哪里有什么是真正属于你的东西。就算你买了最豪华的游艇，还不是给别人坐的？所以你积累下的东西，往小了说是子孙的。但是你给子孙一辆宝马车，子孙还可能会给你惹出祸来，把你一生的名誉都毁了。往大了说，是国家的。什么是你的？拥有再大的权力不也是天天为他人办事？有再多的金钱，不也是天天给别人流通？看开了，可能一生都会快乐。

关于这一点，以前看过冯小刚的一篇微博，让我很有感触。冯小刚这样写道："练高尔夫四年，收获一樽净杆奖。开心胜过导演奖。年过半百终于活明白，哄着自己玩，让自己高兴才是真格的。其他全是瞎掰。真不明白那些赚了钱的哥们儿为什么还没黑没白地挣命？有劲吗？赚多少算够？您带得走吗？去山西采景，看了十几座百年大宅，主人均已无处寻觅，拿钥匙的都是不相干的人。"

打过高尔夫的人都知道，净杆奖纯属偶然奖励。打高尔夫得了净杆奖，其实对于那些成功的人来说就是一种好玩的奖励，是没有实质意义的奖励，不代表他的水平，只代表一种偶然。但是，冯小刚却觉得开心胜过得导演奖。按理说，导演奖更好啊，那他为什么因为这个净杆奖这么开心呢？他说终于弄明白了，哄着自己玩，让自己开心才是真格的。

这话说得很有道理，人一辈子赚多少钱算够？其实，关键是四个词：死、戒盈、鼎、梯。如果你弄明白了这四个词，在商场上身段就会非常柔软，摸爬滚打都不会受伤，因为你已经拥有了智慧。如果没弄明白这四个词，财富越多，破坏性越大。所以，企业家在提升自己财富智力的时候，还要提升财商。解码财商，就可以避免频频受伤。

> 企业家在提升自己财富智力的时候，还要提升财商。

同一个市场，未必同一个梦想

2008年北京奥运会时，我们听到最多的一句话是“同一个世界，同一个梦想”。事实真的是这样吗？参加奥运会的人都是同一个梦想吗？显然不太可能。“同一个世界，同一个梦想”表现了人类一种美好的愿望，因为现实中不存在，所以人们更加期望。

匈牙利运动员的梦想是什么？夺冠！其他国家的运动员会梦想着匈牙利运动员夺冠吗？不会，他们的梦想都是自己夺冠——梦想自己站到冠军的领奖台上，连亚军都不是他们的梦想。

那做企业呢，我们也会发现一个同样的问题，假定两家企业有同一个梦想，都是要做行业的老大，那会出现什么问题？肯定是两家企业竞争激烈。

54333 模型

假如你想做老大，我想做老二，这就好办了。像方太集团董事长茅理翔就提出他甘做第二名。大家都梦想着要做老大，而老大的位子肯定只有一个，这样就会出现激烈的竞争。好多行业甚至会出现错位竞争。

错位竞争，即大家不是一个特长，不是一个方向，却一起竞争。比方说，奔驰的特点是豪华，那是属于老板的座驾。宝马的定位是驾驶的乐趣。所以人们常说，坐奔驰开宝马。沃尔沃的特点是安全。可见每个企业都有不同的诉求点。一个企业要想做得好，一般可以追求五个诉求点：产品、服务、体验、渠道、价格（见图 2）。这五个诉求点如果拿捏不好，企业可能出现崩盘。这五个诉求点的前三个是企业给客户的，后两个是客户要付出的，所以又叫客户的三种收益与两种付出。

给客户的是产品、产品附带的服务和体验。客户要付出什么？首先，客户要付出时间和精力来购买，无论是到网上购买还是到实体店购买，都要付出时间和精力；其次，客户还要付出钱，付钱才能购买到商品。我们要注意的是，五个诉求点如果都做到了 5 分，并不一定代表着企业就成功了。

	产 品	服 务	体 验	渠 道	价 格
5. 忠诚	独一无二	个性关怀	氛围强烈	即时满足	完美依赖
4. 满意	性能优越	额外照顾	身心舒爽	购买便利	物超所值
3. 接受	品质可靠	达到标准	感觉良好	寻找方便	质价相称
2. 知名					
1. 能见					

图 2 企业的五个诉求点

在产品、服务和体验上都做到 5 分比较难实现。同时还会出现这样的问题，如果服务是一流的，产品是一流的，体验也是一流的，一定会价格不菲，价格竞争力就达不到 5 分了。如果价格是最便宜的，在产品上又很难做到一流，这几个诉求点是相互冲突的。企业能做到的多，就要求客户付出的多。

所以，在理论上似乎不可能每一个诉求点都达到 5 分，在实践中也确实不可能每个诉求点都达到 5 分。实践中我们常常会看到，最好的企业并不是五个诉求点都达到 5 分的企业。

于是，我们发现了一个 54333 模型，也就是一个诉求点 5 分，一个诉求点 4 分，三个诉求点 3 分。5 分是优秀，4 分是良好，3 分是一般。

没有一个成功的企业会出现 54222 的情况，因为一旦一个诉求点出现 2 分，就成了不及格，就会出大问题了，所以 54333 比较具有普遍性，三个一般，一个良好，一个优秀。

一个企业要想做得好，一定要先找到自己的5分在哪里。比方说，做咖啡的企业，星巴克的5分在哪里？在体验。如果说咖啡味道最纯正、味道最讲究的，那是意利咖啡。意利咖啡的体验可能不是很好，但产品是绝对美味的。

一个产品要想做到无与伦比，就要懂得错位经营。同样是航空公司，它们的诉求点也不一样，美国航空公司作为最大的航空公司，它的5分是哪一方面呢？是航线，也就是渠道。到哪里都可以坐美国航空公司的飞机，它的渠道是最完善的。西南航空公司的5分是哪一方面呢？是价格。西南航空公司机票价格便宜。为了价格便宜，它只飞短航线，甚至连头等舱都不设，多加舱位，挤出来的空间让价格降到最低。新加坡航空公司的5分是哪一方面呢？是服务。新加坡航空公司比渠道比不过美国航空公司，又打不起价格战，但是在一个弹丸之地做出了世界上服务最好的航空公司，这就是错位经营的优势。

一个产品要想做到无与伦比，就要懂得错位经营。

企业将由价值点的争夺转到价值链的博弈

54333模型中将5分放在第一位，是说一个企业一定要有一项做到最好，这样才有优势。假如所有企业都是把产品做到5分的话，要怎么做呢？其实，产品还可以进一步细分，就是在一个大的市场上，如果你做不到第一的话，那么就在细分的市场去错位经营，直到你能做到第一为止，即便是在一个很狭小的领域里做到第一。

经营企业不能像歌里唱的那样，“人世间有百媚千红，我独爱你那一种”。如果有几个比你更厉害的人爱了你爱的这一种，那你就得割舍你的爱。世界上本来有路，走的人多了就没了路，所以你得选择另外一条路。走的人多了的时候，很可能你选高速路都不一定能够最顺畅地到达目的地，国庆节、春节的时候，所有的高速路上都是最堵塞的，很可能你选了另外一条路，却成为最先到达的人。还是那句话，世界上的路很长，但是你不会拐弯，就会撞上墙。

要多发挥你的特长。有一技之长之后，会由专注产生精专。

如果一无所长，那就整合资源，也能发生聚变。

如果你有特长的话，就会由专注产生精专。比方说，如果你有做软件的特长，可以做微软；有做芯片的特长，可以做英特尔；有做通信的特长，可以做华为；如果有做游戏的特长，可以做暴雪；如果有做电脑的特长，可以做戴尔；如果有做音频播放的特长，可以做索尼；如果有做音乐的特长，可以做 EMI ；如果有生产加工的特长，可以做富士康。

如果这些特长你都没有，那还有一条路可以选择，可以做苹果。其实苹果就是集结众长，由整合产生聚变。当你一无所长的时候，就应该做一个整合型的企业，把众人的长处整合在一起，提供一个全新的产品。

专家型企业和大师型企业是两种类型。专家型企业做精专，大师型企业做整合，精专会产生特长，

专家型企业做精专，大师型企业做整合，精专会产生特长，整合会发生聚变。

整合会发生聚变。一个行业里，专家型企业可以不计其数，大师型企业却寥寥无几，如果都做整合的话，那整合将是一片红海。大师型企业在一个行业里也就一两家，大部分企业还是没有特长，必须走培养特长这条路。

商场并非战场，竞争不如竞合

《孙子兵法》里有这样一句话："百战百胜，非善之善者也；不战而屈人之兵，善之善者也。"意思是说，百战百胜固然好，但不是好上之好，不经过战争而使敌人屈服，才称得上好上之好。其实，这是一种全胜的思想。在战场上，没有缺点的竞争是不存在的。很多时候，打得天昏地暗，最终会出现"杀敌一千，自损八百"的情况。上兵伐谋，战争如此，企业管理也是如此。

把商场当战场，双输收场

商场竞争激烈，市场份额有限，甲公司占得多了，乙公司就占得少了。这种情况下，有些公司为了占得有利位置就会采用各种手段，有时甚至会引发恶性竞争，伤害到消费者。10 年前，曾经有一件事轰动一时——腾讯 QQ 和奇虎 360 这两个当时国内最大的客户端软件公司发生了纠纷。2010 年 9 月，奇虎 360 推出了一款新软件——隐私保护器，用户用隐私保护器一扫描，提示说发现腾讯 QQ 侵犯用户隐私。大家都知道，QQ 的用户群体是相当大的，窥视用户隐私的问题很严重，网民顿时感到恐慌。当天，腾讯公司发表声明，称腾讯 QQ 软件绝对没有窥探用户隐私的行为。口水战于是瞬间隔空爆发。然后，腾讯 QQ 起诉奇虎 360 不正当竞争，奇虎 360 反诉，双方对簿公堂。接着，百度、金山、傲游等公司也参与进来，联合发表声明反对奇虎 360 不正当竞争。双方互不退让，战争不断升级。后来，腾讯公司发布公告说，在装有 360 软件的电脑上停止运行 QQ 软件，让用户二选一。奇虎 360 随即推出 WebQQ 的客户端，但很快就遭到封杀，腾讯公司关闭了 WebQQ 服务，让客户端失效，这场纠纷继续发展。

纠纷的结果是：2010 年 11 月，工信部发布通告，对奇虎和腾讯两家公司侵犯用户合法权益，造成恶劣社会影响的行为给予通报批评，并责令两家公司停止互相攻击，公开向社会道歉，妥善处理好用户的相关事宜。

奇虎 360、腾讯 QQ 都跟中国的互联网发展关系非同一般。一个监管着所有电脑的安全，一个掌控着全国的即时通信信息。二者发生纷争，必有损伤。在纷争中，腾讯公司董事局主席马化腾曾说："这场战斗还将持续，我们坚信必将赢得用户的支持，打赢这场战斗。"但是，商场非战场，被击败者很可能会阴魂不散，你可能无法彻底消灭商业竞争对手。这种恶性竞争最终的结果是双输，在商业竞

在商业竞争中，亮剑精神远远比不上统一战线高明。

争中，亮剑精神远远比不上统一战线高明。

打败对手不如吃掉对手

1863 年，24 岁的洛克菲勒在美国克利夫兰开了一家炼油厂。随后，他说服自己的弟弟参与进来，建立了第二家炼油公司。1870 年，洛克菲勒把两座炼油厂和石油输出商行合并，创建了标准石油公司，也就是后来的美孚石油公司。

其实，当年洛克菲勒进军石油业的时候，克利夫兰就已经有了 50 多家炼油厂。到 1870 年标准石油公司成立的时候，当地仍有 26 家炼油厂在生产。换句话说，标准石油公司还有 26 家竞争对手。面对这些竞争对手，洛克菲勒是怎么做的呢？

首先他在办公室墙上挂了一张地图，上面标着所有炼油厂的位置，明确目标，然后将小规模公司逐个收入囊中。从 1872 年 2 月 17 日到 3 月 28 日，短短 40 天的时间，洛克菲勒一口气吞并了 22 个竞争对手。不仅如此，他还曾在 48 小时内，连续买下了 6 家炼油厂。用洛克菲勒当时常说的一句话就是，不靠天赐的运气活着，但靠策划的运气发达。

其实，企业的成长史就是一部并购史。近些年，我们也看到了，波音兼并了麦道；美国在线与时代华纳合并；两大石油公司组成了巨型跨国集团埃克森－美孚；微软以 45 次并购成为软件业霸主；思科经过 110 次并购成为网络业龙头；苹果在高速成长的过程中，也收购了 22 家公司……

从长远的利益看，对于竞争者，与其展开市场争夺，不如将其收为己有。那么，打不败又吃不掉的竞争者，该怎么对待？

打不败吃不掉，就与之结盟

19世纪60年代，美国的钢铁生产经营状况比较散，从采矿到炼铁，到制成最终成品，中间需要经过很多厂家，这就提高了整个产品的成本，影响了生产效率的提高。一个公司如果自身没有原材料供应，就会受制于人。当时的钢铁大王卡内基就意识到了这一点，知道要确保矿石的供应。

在19世纪80年代到90年代间，美国陆续发现了一些大型的铁矿石资源。卡内基想，要是控制了这些矿石，必会大大有益于自己的钢铁企业发展。但是，他没有想到，石油大王洛克菲勒也参与进来，并先他一步买下了矿山的大部分股权。涉及利益的时候，商场就如战场，看上去一场战争在所难免。那么，他们是开战还是合作？具有远见卓识的商界人物选择的是后者——合作。

于是，1896年12月，卡内基揣着一瓶威士忌去见洛克菲勒，希望与洛克菲勒达成矿石交易。在谈判桌前，两大巨头坐了下来。卡内基对洛克菲勒说：只要你不涉足钢铁业，我就买下你所有的铁矿石。当时，卡内基的出价是25美分一吨，底数是60万吨。洛克菲勒会得到什么好处呢？作为交换条件，卡内基要使用洛克菲勒控制的铁路和船舶，运输他们交易涉及的所有铁矿石。

当然，有些东西还是要明确，两大巨头就不介入对方行业达成协议：卡内基承诺只买洛克菲勒的铁矿石，不插手矿石运输，洛克菲勒也决不进入钢铁行业。

由于卡内基及时调整战略，洛克菲勒没有介入钢铁行业太深，两个霸主最终以结盟的方式获得了和平发展。其实，和比自己强的人合作，而不是和他们战斗，是钢铁大王卡内基终生信奉的律条。在他的墓碑上，他特地让人刻上这样一句话："这里躺着的人，善用比自己能力更强的人。"

打也是为了和

2006年7月24日，国美以52亿港元的"股票＋现金"形式并购永乐。之所以采用如此的低价，正是因为竞争所迫。2005年年初，永乐上市融资，摩根士丹利和鼎晖投资等公司斥资5000万美元收购永乐家电20%的股权。在入股的同时，摩根士丹利跟永乐的管理层签下一个对赌协议。如果永乐2007年的净利润高于7.5亿元人民币，外资股东向管理层转让4697万股永乐股份；反之，管理层转让同等股份。如果2007年净利润不高于6亿元人民币，永乐管理层转让的股份将多达9394万股。要想完成这一目标，永乐未来两年的年净利润增长率至少要达到60%。

国美的进攻让永乐的利润骤降，勒紧了这根绳索，最后迫于无奈，由国美并购了永乐。其实，有时候，打不是为了打败对方，而是为了和，也就是逼和。就像当时黄光裕对媒体说的那样，这并不是简单的谁买了谁，因为这并不是现金交易，这是把两家企业的优势和两家企业的资源进行合并，整合之后的企业更具有竞争力。

战争的至高境界是和平，竞争的至高境界是合作。商场有特殊的规律，商场不同于战场。战场上，人死不能复生，可以彻底消灭敌人；商场上，你不可能把对方彻底消灭。冤冤相报，实际上是在给自己埋定时炸弹，对组织的发展来讲是有害无益的。现在的商场竞争已经不是点对点的竞争，而是链对链的竞争。用你的聪明才智来整倒竞争对手就是自取灭亡。

> 战争的至高境界是和平，竞争的至高境界是合作。

想要双赢，最好的办法是寻求与竞争对手的共同利益、共同目标，两家联盟发展。你可以同对手斗气，但绝不能和自己的利益过不去。把你的利益与对手的利益紧扣在一起，就容易达成一致。这样，对双方有利，对组织更有利。

打败竞争对手是下策，并购竞争对手是上策，与竞争对手联盟是上上之策。一般企业家用兵法管理之“术”，顶级企业家才能悟出“道”。“兵道”与“商道”的交点在于竞争。是你死我活，还是多赢，这是“兵道”与“商道”的最大区别。从勇于胜到精于和，是新经济领袖必悟的“道”。

第三章
绩效倍增：运筹的能量

追求高效，别把业绩当绩效

前些年，有一本叫《请给我结果》的书产生了很大的影响。这本书提出了“给我结果”这个理念。在企业经营的过程中，老板需要的结果是什么？一般的企业都是老板年初制定目标，在完成任务的过程中进行监督，最后对目标的完成情况进行考核。老板追求高效，员工要给老板业绩，也就是我们通常情况下说的结果。

业绩和绩效有什么不同？ 什么叫业绩？在既定时间内，你所达到的工作成果叫业绩。绩效是在既定资源下创造的价值。业绩可以忽略投入，最后给老板一个结果就行了。但是，企业经营要不要计算投入？肯定是要的，老板都会计算自己投入了多少，收获了多少。

比方说，从业绩的角度看，我拿了 300 万的业绩好像是比拿 200 万的人业绩好，但是 300 万的业绩，公司投入的是 500 万；而拿 200 万的业绩的人，公司只投入了 100 万。这样，从业绩的角度来看，前者似乎好一些；从投入产出比的角度，从绩效的角度看，是后者更好。企业一定要考虑到代价问题。

绩效是在既定资源下创造的价值，那什么是价值？所谓价值就是满足社会需求的物质和精神财富。很多企业之所以被淘汰，就是因为它们没有创造价值，或者创造了价值，但是投入产出比很低。所以，我们要注意一个问题，这个世界上所有的组织与个人存在的意义就在于创造价值。

这个世界上所有的组织与个人存在的意义就在于创造价值。

组织与个人存在的意义是创造价值

可能有人会说，老人和小孩不能创造价值，我们为什么要对他们倍加呵护？小孩子还好理解，他们可以创造未来的价值。老年人已经卧病在床，创造不了未来价值了，但是儿女还是要投入更多的关注和呵护，有什么好药都要用上，医生说没效果了，也坚持要用。“个人存在的意义就在于创造价值”这个定义似乎不适合他们。其实，你回过头仔细看一下这个定义，就会发现还是适合他们的。首先，小孩子在没出生的时候已经在创造价值了，他给父母带来的是希望、欢乐、愉悦，创造的是功能价值和精神价值。而父母到了晚年，不能自食其力，甚至不能照顾自己，还需要别人来照顾，没有功能价值了，但是还在创造一种精神价值，俗话说，“妈在家在”。为什么春节的时候，都要回家看看？因为爸妈在。如果爸妈不在了，哥和姐就会替代这种功能，但是功能要弱得多，这种功能维系就没有了。所以，父母是家庭的象征，即使到了晚年，不能创造物质价值的时候，也还在为子女创造着精神价值。

组织存在的意义也一样是要创造价值。创造价值多的组织会逐步升华，成为优秀分子；创造价值少的组织就会逐步被淘汰。因为组织用的是既定资源，资源是有限的，谁能最充分地利用资源，谁就是优秀企业，谁就是优秀个人。

在社会上，有很大一部分人拿了 80% 的资源只创造了 20% 的财富；而有一部分人拿了 20% 的资源却创造了 80% 的财富。企业也是如此，改革开放后，一大批国企被淘汰，因为它们拿的资源最多，产出很少，效能太低。而有一些乡镇企业发展起来了，因为它们拿的资源少，产出却很多，绩效高。

在企业群里有一个黑洞，如果把它描述出来的话，是一个外圆加一个内方。外圆加一个边长最大的内方，内方和外圆所占的比例是：内方占 80%，外圆占 20%。大部分企业掉进了内方的黑洞，而优秀的企业则是进入了外圆的那 20% 之中。

现在问题就出来了，在一个行业中，假定有 100 家企业，排到第 50 名的企业算是上游呢、中游呢，还是下游呢？用二八法则来看，第 50 名的企业还是落后分子。就像买彩票一样，排第 25 名也是给人凑份子的一部分。所以不要以为在行业内一共 50 家企业，你排名第 25 是属于中游，其实，排名第 20 名之后的企业都应该是下游，都属于竞争中逐渐被淘汰的企业。

企业家是整合资源创造最大价值的人

在企业经营的过程中，整合资源，利用资源，创造价值，起到核心作用的是企业家，也就是说，企业家在绩效中起到了非常重要的作用。如果企业里都是人才的话，技术人才、业务人才、营销人才加上领导人才，那么企业家就是人才中的人才，因为企业家可以发挥其他人才的作用。

前些年，很多地方环境恶化，土地荒漠化，空气恶化，最重要的原因是人们过度使用资源。而许多发达国家却保护着自己的森林资源、矿产资源不开发，到别的国家去开发。美国就是这样，他们节省了资源，我们浪费了资源，增加了排碳量，我们生产出来的东西美国来消费，最后还要追究我们的责任，说我们碳排放过高，其实，这些碳排放都是为他们而排放的。

问题在于是你在排放的时候被抓了，就相当于吃肉的没被抓，杀猪的被抓了，因为你直接浪费了资源。当然这是一种不合理的现象，将来会被纠正的。我们现在也开始保护资源了，但我们一保护资源，发达国家就觉得受不了了。比如我们现在开始保护稀土资源，有些发达国家就要求我们价格要放开。实际上，保护资源是必然的趋势，只有这样才趋向于合理。你可以保护你的森林资源，为什么我不能保护我的稀土资源呢？保护资源之后要进一步节约生产，否则对资源浪费的报复就是环境恶化。开始的时候，环境自己会修复，当它修复的速度赶不上破坏的速度的时候，环境就要报复人类了。

最近几年，像《后天》这样的电影越拍越多，这类电影说明了一个问题，就是环境在对人类进行报复。所以，在生产经营过程中一定要注意环境和谐。

在企业经营过程中也是这样。比如出版行业，假设书号是资源，老板肯定希望每一个书号产出最高，效率最大，每个人做的每一本书都能卖 100 万册。事实上很难做到这一点。假设做不到每个人做一本书卖 100 万册，那就要做 10 本书，每本书卖 10 万册，一共卖 100 万册。如果做 10 本书不够，那就做 100 本书，每本书卖 1 万册，一共卖 100 万册。这样一来，绩效是不是低了？

资源有限，达不到最大产出，就要增加资源，增加一倍的资源、两倍的资源，虽然绩效低了，但最后的业绩是高的。这就是业绩和绩效的矛盾。其实，不光是出版行业，每个行业都会遇到这样的问题。我们会发现，企业在考核的时候，往往考核的只是业绩。为了达成业绩，扩大资源投入，就是用外延式增长的方式去增加收益。一个企业在经营竞争不是很充分的情况下用这种方式是可以的。但是资源在既定的情况下，就没办法采用这种方式了。所以，市场竞争不充分的时候，资源浪费最大；一旦市场竞争充分，资源浪费就会少了。企业追求高效，使用的资源不断扩大，然后，收回成本就成了，这是不利于社会节约资源的。

投入不等于产出

我们总说“一分耕耘，一分收获”。其实，在企业发展的不同阶段，耕耘和收获的比例是不一样的，投入到不同的行业的产出也是不同的。

在企业发展的初级阶段往往是投入大产出少，没突破企业发展的临界点的时候，企业一般是投入、投入再投入，甚至有的企业投入了几年都没有收获。一旦过了企业发展的临界点，企业不投入也会带来收获。比如互联网行业，为什么前期那么“烧钱”？因为这个行业是 X 形的结构，开始的时候，投入高，收益低，所以投入是从上往下的趋势，然后收益逐步往上涨，投入逐步往下降，到了 X 的交叉点的时候，也就到了企业发展的临界点，企业再往前走就是一片光明了（见图 3）。

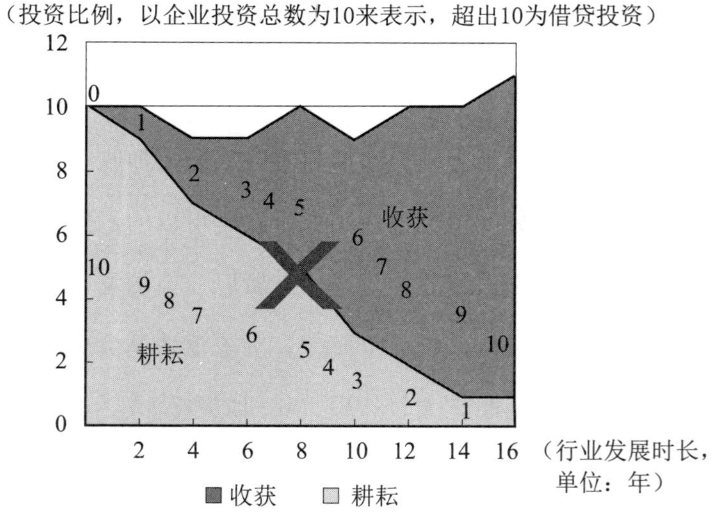

图 3　互联网行业收获耕耘图

所以，一个企业在一开始投入没有得到收获的时候，企业家一定要坚持住，不要低估了时间成本和投资成本。还有一个最简单的道理，要想赚大钱，一定要找到高收入的领域，高收入的领域也就是高利润区。要不然辛辛苦苦地投入，把钱都投到盐碱地里去了，任凭你流血流汗，最后还是一点收获也没有。

比如咨询服务行业，这是一个高产出的行业吗？是一片肥沃的土地吗？传统的咨询服务都是face to face，也就是面对面学习，那会遇到什么问题？那需要大量的人力投入，几个人就需要一个老师，最大的厂也就上千人，而且恐怕他们一年也组织不了几次培训。后来采用互联网的E-learning形式，如果做一个手机的在线课堂，那就可以1万人、10万人、100万人同时在线。这样就减少了投入，产出却一点不少，甚至更高。这样看来，这个行业也有一片广阔的发展空间。

当一个行业走到尽头的时候，也就是由成熟期进入了更年期，这个行业也可能会采取另外一种新的形式，很快又进入第二个青春期。在企业经营过程中，不要只顾低头耕耘，一定也要抬头看看天气，把注意力由业绩转到绩效上，这才是正确的路径和眼光的投放所在之地。

企业家们常说，“不知道哪块云彩会下雨”，那我可以告诉你两句话：第一,一定要到有云彩的地方去找雨，反正要有云彩才能下雨；第二，云彩最黑的地方会下雨，每个行业的发展都会有一定的征兆，可以根据过去的发展趋势，找到概率最大的时机。所以，到有云彩的地方去找雨，到有乌云的地方去找雨。

天天追利，怎样让利追你

经营企业的过程中，天天追利，就好比天天去追美女，追得很累。有人就想了，最好是让美女来追我。这可以做到吗？也是可以做到的。首先你要有足够的魅力，要不然肯定是你去追美女了。具有足够的魅力之后你不用去猛追美女了，越追会越显得你没有魅力。

很多的时候，财富就像影子一般，你去找自己的影子，可能找不到，如果你做对了，财富就会如影随形。那怎么让利追你呢？如果把利比喻成"色"的话，你能够让别人追的魅力是"空"，你有"空"，"色"才会追过来。

财富一定是因为具备更少的物质含量、更多的精神含量才导致有人乐意追逐。

财富一定是因为具备更少的物质含量、更多的精神含量才导致有人乐意追逐。街边卖苹果的人，他只能做到上门给你送苹果。但是，卖苹果手机就不同了，苹果公司公布出某个产品即将发售的消息之后，就会有很多人上门排队买。那么苹果公司是怎么做到这一点的呢？

苹果公司的产品的物质含量很少，精神含量很多；采用了更多的智力含量、更少的物质材料。我们将来的企业真正要做好的话，“空”的部分就要充分发挥想象力，然后“色”的部分自然会跟过来，你越“色”，它越“空”，你越“空”，它越“色”，大概就是这样一个基本原理。

提升品牌价值，增加品牌利润

咱们拿牛奶和可乐举例说明就会发现，牛奶是追逐消费者的，而可乐在本质上是消费者去追它的。为什么这么说？先看牛奶产品制成过程中要走过多少道工序，办牧场，养奶牛，挤奶，冷藏，灭菌，罐装，装箱，入库，检验合格之后出厂，才进入市场，一个周期在一年以上，形成的产品也就卖两块多钱。可乐就不同了，可乐只需要一点原浆，加上水，一秒钟的生产周期，也卖两块多钱。显然可乐大部分都是利润。而牛奶的销售额里大部分是成本，利润非常微薄。想要提高牛奶的利润有两个途径：一个是卖的价格高，一个是掺杂使假。因为价格增高以后竞争力会下降，所以很多牛奶企业走上了掺杂使假这条路。结果出了问题，连我们以前觉得很出色的一些企业也不能幸免。那些牛奶企业为了更多的物质含量，添加了一些提高蛋白质检测含量的三聚氰胺。这条道路显然走错了。

再看可乐，它宣称是美国精神，其实不就是类似“感冒药水”的配方嘛，又成了美国精神的象征，又成了胜利的象征。喝可乐可以进球，喝可乐可以让美女来追你等，用广告不断诱惑消费者，让消费者充满想象。

可乐喝一口感觉极爽，爽是一种精神感觉。牛奶的物质含量有营养，营养是一种物质感受。这样对比一看，你就会发现可乐的优势。而我们中国的企业大部分只能做到后一点，可是就算做牛奶也仍然做不过外国牛奶。虽然外国的牛奶价格比我们中国的牛奶高好几倍，但人家的品牌在那里，消费者也愿意买。所以，现在没有塑造产品的品牌价值，只塑造了产品的实用价值是远远不够的。人们消费的不完全是物质价值，越有钱的人越渴望消费精神价值。

再比如，BOSS 的西服和别的品牌的西服有什么区别？在物质上也没有多大区别，但是弄了个 BOSS 的标志在西服上就不一样了，消费者穿的其实就是 BOSS 的品牌。而且商家一定要把商标做得很大，商标小了，消费者还不一定买，因为商标小，穿出去别人还不知道他穿的是 BOSS 的西服。

当然，现在很多中国企业也学聪明了。就说以前卖矿泉水觉得水能有什么区别，成分都是一样的嘛，为什么依云就比一般的水贵 10 倍？说它是法国生产的，法国的水就是神水了吗？现在我们也有雪山的水了，也卖得很贵了，也开始卖感觉了。农夫山泉就是这样做的，他们有一句广告语叫“农夫山泉有点甜”，普通的水怎么可能甜？是因为加了糖吗？不可能。人家说的那是回味甘甜。有的企业的水不说甜，说 38 层渗透、76 层渗透，这还是在强调水的物质属性。相比之下强调水回味有点甜，是一种主观感觉。消费者一喝，觉得是有点甜，虽然只是主观感觉，消费者却为这个主观感觉买了单。“有点甜”唤醒了消费者的感觉，感觉被唤醒，人的味蕾就会品出来这些味道，这是一种精神价值。

其实，在经济转型的今天，城镇居民基本上达到年收入人均三千多美元的水平，生活进入小康的阶层，进入了临界点。这时候，人已经过了追求物质条件的阶段了，就是说，追求吃饱穿暖的时代已经过去了，开始要满足精神需求了。要满足精神需求，也就是要给他一个他想要的心理感觉。

那么，做市场就必须把客户的心理需求给开发出来。比如，卖大米的人除了给客户送货上门，还要知道，买大米那家有三口人，喜欢吃什么样的米，大概一天要吃多少，在他家最后一缸子米舀完时，你就把米送来了，那他会觉得你这个米挺好。反过来说，怎么让客户来追着你买米？那就不卖米卖健康，比如响水大米，说是贡米，大米本身又多了一些价值。在米的身上塑造了价值，说是皇帝才能吃的米，只有他们这个地方的少量土地能生产。当然，你可能会发现，现在有越来越多的米成为贡米，越来越多的人享受贡米了，这就是米的品牌价值在提升。按说大米没有多少品牌价值，而且价格弹性也比较小，一旦带上了贡米的帽子，它的价值就被提升了。

贡米的价值让食客们得到皇帝般的享受、王室的享受。另外，还出现了一个叫作营养配餐的行业，行业人士既开发出了各式食谱，又给食谱配上了保健价值。所以，现在的产品需要打开的是消费者心理需求的门，而不仅仅是生理需求的门。

在不增加投入的情况下增加产出

打开了消费者的心理需求这扇门之后，还有一个问题要解决，产品本身也要不断打开产品的门。也就是说，一种产品怎样在不增加投入的情况下增加产出？打个比方，我生产 1 万件衬衫，然后卖到 5000 件的时候，衬衫的样式已经过时了，这时候很多厂家会采取大减价的措施。

其实，衬衫过时是与一个地方的消费时尚观相对的，消费时尚已经不流行了，它就过时了。精明的衬衫厂家不会大减价，它们会让衬衫不过时。当一线城市销量下滑的时候，二线城市恰好流行这种款式，这时候首先要关闭采购阀门，不再采购原料，把剩余原料都用完，然后把衬衫主要发往二线城市。

把衬衫发到二线城市的时候，衬衫已经是不增加投入就会有产出了。等到二线城市销量下滑了，再到三线城市去销售，这时生产阀门已经关上了。同一个产品，在一线、二线、三线城市都保持不降价却都有着青春的活力。产品卖不动不是真的就卖不动了，其实还有另外的市场值得开发。

哪怕是产品真的卖不出去了，如果有价值的话，也可以作为慈善品赠送出去，这样也比压在仓库里好。因为这时的产品已经变成没有价值的垃圾了，占用库存，每年还要往里投钱，而捐赠的话，起码会产生正面的影响，也帮助了需要帮助的人。

就好比把大粒盐提纯加工成精盐，成本较高，不划算。把大粒盐变成“海水宝”之后，没有增加多少投入，价值却会是原来的十倍。用它养海产品，比精盐卖得还贵。所以，充分利用资源，在不同环节上把产品放到最能实现价值的地方，这跟用人是一样的。

美国的国家科技大学没有校舍，没有专职员工，一样做得很出色。他们利用全国40所大学的优秀教师，利用遍布全国的卫星接收系统，每年可以培养5000名工程技术人员。

这就是懂得利用社会资源。我们做企业也是一样。欧洲一个咨询企业的工作人员来自全世界14个国家，总共不超过50人，每年创造的价值是上亿欧元。因为现在是互联网时代，他们可以通过互联网联系，把大家的知识结合到一起，利用了社会的资源，不用很多办公室，也不用固定支出，所创造的价值也很大。

常被老板丢掉的100万奖金

社会资源闲置的情况真的非常之多。有些时候我们的企业缺钱，奖励员工的时候拿不出钱来，而别的企业却可以大发奖金。没有奖金的企业竞争力就会不足，奖金又从何而来呢？其实，我认为每个企业、老板每年至少浪费了100万奖金。

美国联邦快递奖励员工的时候曾经奖励过钱，奖励过旅游，最后他们发现员工认为最高水平的奖励不是美元的奖励，而是一种不花钱的奖励或者极少花钱的奖励——员工自己开发出来的飞机的命名权，以优秀员工的孩子的名字来命名新飞机。如果你成为功勋员工，你的名字或你孩子的名字就能够成为新飞机的名字，这是员工关注度最高的荣誉。这种奖励，公司没花多少钱，激励效果却非常大。

海尔也是采用了这种方法对员工进行激励的。海尔有一面镜子被命名为云燕镜子，是一名叫高云燕的员工在钻孔的时候发现，钻孔时从一边钻过去，还要翻过来看看对面，确认有没有钻准，是一项很沉重的劳动，如果是给大件物品钻孔的时候会更沉重。她在梳头的时候发现用镜子可以照到身后的情况，于是她就拿了一面镜子放在前面，改善了钻孔工艺，解决了问题。她的这个发明最后得到了海尔总部的认可，并将这面镜子正式命名为“云燕镜子”，且永远有效。

榜样的力量是无穷的，出现了“云燕镜子”之后，更多的发明随之而来，如启明焊枪、召银扳手……利用员工的名字来命名，这种方法有了推广价值，员工自己也会更加珍惜这份荣誉。

现在很多餐饮企业也开始明白这个道理了。有的餐饮企业很聪明，比如他们以企业的名字命名一个包间。我在佛山的时候就遇见过一家餐饮企业这样做，他们把所有包间都用附近的大企业名字来命名，结果那个包间就成了冠名企业的专属接待地。餐饮企业非常聪明，还在包间里面把冠名企业的丰功伟绩都陈列出来。无非就是放点图片，放点介绍，放点领导人的成就，并没有增加多少投入，就增加了一大笔产出。

没钱不要紧，只要方法准。世界上到处都有财富，只不过我们没有说到，没有看到，没有想到。所以，新经济领袖一定要说到、看到、想到这些财富，这样才能真正创造绩效。

世界上到处都有财富，只不过我们没有说到，没有看到，没有想到。

做实业需“牧场”，玩资本需“猎枪”

某年在搜狐主办的一次企业家论坛上，主持人问其中的一位嘉宾，在做投资之前有没有做过实业？这位嘉宾非常自豪地说曾经做了20年的工业制造。接着主持人问他是做实业的收益多还是投资带来的收益多？他回答说是投资。

在企业界，从大的范围上可以分为两类人：一类是玩资本的人，一类是做实业的人。我们可以形象地把玩资本的人称为“猎人”，这种人是用子弹换猎物，收获如何靠的是眼光；我们将做实业的人称为“牧人”，这种人早出晚归，一天天让牧场草长羊肥，靠的是辛勤和汗水。

随着“猎人”越来越时髦，账面的数字像火箭般暴起暴落的刺激，让更多的人心动，一部分“牧人”在去放羊的同时也带上了“猎枪”，有意无意地加入了“猎人”的队伍。那么，“牧人”和“猎人”有什么不同？

做实业需要耐性，做资本需要赌性

做实业大多是以生产产品为主，靠利润的支持，利润逐年增长。不过利润增长的过程有点慢，这就需要坚定的耐心与毅力，有十年磨一剑的精神。所以，通常情况下，牧人式企业家主要关注产品创新、技术创新。而猎人式企业家会以关注市场创新、模式创新为主。

根据我的调查，更多的企业家偏好做猎人，占企业家总数的50%以上，而适合做猎人的企业家不足企业家总数的4%。为什么会有越来越多的人选择做猎人？原因很简单，做猎人的诱惑太大了。在现在的资本市场上，公司上市以后，企业家可以得到50倍的市盈率，创业板上市之后的企业家甚至可以得到80倍的市盈率，这就可以大大增加企业的资金实力。这个诱惑太大，让很多企业家眼红，拼了命的要一“投”为快。

从性格方面看，选择当猎人更多依靠的是一种赌性。有的人会说，企业家如果没有赌性就不会成功，没有一点赌性，就很难抓住机遇。所以在很多企业家的骨子里都透着一种不泯的冒险情结，他们会为了更大的利益而冒险。在他们看来，做实业是为了利，玩资本也是为了利，两者是同样的目的，只不过途径不同罢了。虽然玩资本有风险，但是有利可图，干吗不做呢？

在商言商，除了德和信之外，商人毕竟是以利为本的，为利而来，为利而往。没了利，就没了行。利小了，也就没了商。所以，暴利成为一种极大的诱惑。但是，即使是赌也需要一定的内功。如果没有一定的把握，输的概率就会很大，诱惑也就会变成诱饵，引企业家上钩，毕竟有投资就有风险。

做实业需要体力，玩资本需要眼力

很多人可能会说，做实业怎么还和体力搭上边了呢？其实，此体力非彼体力。一般说一个人体力好，主要是说他身体的力量大，很能干。这里说的体力主要是说一个企业家能够长期专注于一件事，并且还能做好，需要的是持久、专注的能力。

比如宗庆后和刘永行就是这样。他们两个人一个是靠着一瓶一瓶地卖水、卖饮料登顶首富；另一个基本上只做饲料和铝业，其他行业只要不是他的优势，他绝对不碰，在其他富豪的财富大幅度缩水的情况下，他反而越积越多。这两个人都是热衷于实业的企业家。投资不是他们的兴趣，产品才是他们的追求。所以，宗庆后和刘永行是典型的产品牧人，在自己的一亩三分地上，建好自己的牧场，放好自己的牧。他们有实业家的体力，能够专注于做实业，愿意做实业。只要有做实业的能力和条件，同样可以做大做强并获得丰厚回报。

玩资本就不一样了，玩资本需要的是眼力精准。当然做实业也需要眼力，只是相对来说，体力用得更多，这是做实业最基本的特征，一次看对了进入一个行业就行了。但做资本一次看对了还不行，要次次看对才行。所以，当猎人要有灵敏的视觉与嗅觉。

在这方面不妨学学红杉资本的迈克尔·莫瑞茨。20 年来，由莫瑞茨投资并协助设立的公司目前已占纳斯达克总市值的5%以上。他发现了雅虎、贝宝和谷歌，于是投资雅虎400万美元，投资谷歌1250万美元，然后分别获得了40亿美元和超过50亿美元的回报，投资回报率超过了400倍。因此，有人曾经打过一个比方，如果把风险投资看作是买彩票的话，那么迈克尔·莫瑞茨无疑已经中了上千次头奖。

为什么迈克尔·莫瑞茨如此厉害？雅虎创始人杨致远揭秘说，莫瑞茨关键的本领还是看人。当他发现雅虎时，雅虎还处在只有两个创始人的初创期，并且杨致远和大卫·费罗及后来谷歌的两个创始人还都是学生，他们都不敢赌自己一定会成功。迈克尔·莫瑞茨并没有小看他们，不是因为他们个人的天赋，而是因为迈克尔·莫瑞茨对市场的嗅觉很灵敏。他从广播电视的商业模式中看到了雅虎的未来，并将这个未来传递给了杨致远和大卫·费罗，最终雅虎成功了，成为首个网络的媒体帝国。很显然，精准的眼力和敏锐的嗅觉成为迈克尔·莫瑞茨不失手的法宝。

做实业要有时间感，做资本要有空间感

什么是时间感？不是简单的时间观念，而是要有一个先后次序。就像钟表一样，从第1秒走到第60秒，中间的每1秒都不能少，要是少了1秒，时间就不能成为准确的时间。有人说，把指针调一调行不行？也行，但时间就变了，该是60秒的时段变得不再是60秒了。

做实业跟时间有异曲同工之妙，也需要一步一个脚印，脚踏实地

地做每一件事，中间的任何一个环节都不能少，少了任何一个环节都会出问题。荀子说“不积跬步，无以至千里”，就是这个道理。

吉利汽车就是这样做的，从吉利进入汽车行业到现在也就 20 多年时间。一开始吉利只是制造一些简单的、小型的、经济型的节能环保型汽车，然后慢慢提升了产品的档次，开始生产中级车，后来又收购了沃尔沃，逐渐进入生产高级车的行列。从简单到中级，再从中级到高级，吉利是如何走过漫长的发展过程的？

吉利的秘诀是稳扎稳打，用李书福的话说是：“万丈高楼平地起，打好基础最重要，千万不要着急，一定要一步一个脚印把每一件事情做好，把每一个零件把好关，把每一个员工培养好，只有这样才有可能不断走向成功。”所以，做实业要能经得住时间的考验，一步一步地来。

但做猎人就不一样了，猎人不会只打野兔，遇到了狼他们也要打，遇到了野猪他们也要打，就算是碰上老虎，他们也会偏向虎山行，照打不误。因为猎人的目标就是猎物，至于猎物具体是什么，那不是他们要考虑的，他们考虑的只是这个猎物能不能带来好处。

做资本也是一样的道理。做资本的目的只有赚钱，什么赚钱做什么，做资本的人不会停留在一个方面，而是多角度、多方面地投资。对于那些做资本的人而言，只要能挣钱，农产品也能变成黄金。所以，做资本，要有空间感，从不同的角度入手，而不是一条道走到黑。

兼而有之的天才

有些人既做牧人又做猎人，既想做实业又想玩资本，这是高难度的。这样比只做猎人难，比只做牧人更难。所以，想兼顾两个方面的人必须承认自己是个天才，如果觉得自己没那个天才，只做一个方面会比做两个方面好。当然兼顾两个方面也有人做好，这是要看水平的。市场就像是一只狡猾的狐狸，只有好猎手才能斗得过它，比如思科。

思科的设备和软件产品主要用于连接计算机网络系统。当主营业务市场逐渐成熟之后，思科开始积极拓展其他领域的业务。思科一贯是把收购作为发展业务和进入新市场的手段之一，结果在上市 16 年后，思科的市值达到了 1200 亿美元，相当于戴尔、施乐和苹果公司的总和！无疑它是一家既精于实业又精于投资之道的公司。

所以有人提出要向思科学习。但也不能盲目地学，要看自己的风险偏好。中国的企业家风险偏好更高一些，但不管赌技有多么好，只要少了一条原则就会是最后的输家。这条原则就是安全边际原则，用巴菲特的话来说是“用四毛钱的价格去购买价值一元钱的股票”。也就是说，用比实际价值更便宜的价格买入好股票，一旦用四毛钱买到了价值一元钱的股票，你就有了“六毛钱”的“安全边际”。

巴菲特的导师格雷厄姆说：“我把投资成功、永不亏损的秘诀精练成四个字——安全边际。”巴菲特的投资经验也告诉我们：安全边际原则仍然非常正确，非常有效，是投资成功的基石。

有了这条原则，是做猎人还是做牧人就有眉目了。我们可以把企业家的偏好和能力分为 10 个等级，猎人在一端，牧人在另一端。靠近 1、2、3 等级一端的人是牧人，比如华为，专做实业。纯投资的企业像红杉集团就会在 8、9、10 等级，在猎人的一端，只做投资。而中间的 4、5、6、7 级就是既可以做猎人又可以做牧人的企业，比如思科。偏好与能力等级不同，选择也就不同。

总而言之，做实业还是做投资，做猎人还是做牧人，必须弄明白两个前提条件：一是看自己的风险偏好，是偏好风险还是偏好稳健；二是看自己的资源能力，是有猎枪还是有牧场。只要搞清楚前提，复杂的决策就会变得很简单。

二次创业，重在核心能力

很多企业成功了是因为它们抓住了市场机会，可我们也看到，有些没有抓住市场机会的企业也照样稳步发展。比如麦当劳、迪士尼，就像西方谚语说的那样："伟人步履坚定地走在前面，而大众则一溜小跑。"

伟人靠核心竞争力步履坚定地走在前面

我们看到，美国 3M 公司的产品非常多，可以说，全世界有一半的人每天都会直接或间接地接触到 3M 公司的产品。而且它涉及的领域也很广，大到工业化工、电子通信、医疗航空，小到家庭消费品和办公用品。3M 公司进行多元化生产，怎么还能够做得那么好？

其实，你仔细了解一下 3M 公司就会发现，3M 公司最开始的时候只是一家做砂纸的企业，之后，它又做过胶带，做过投影胶片，做过胶黏剂，做过保护膜，等等。它的核心技术就是拥有将一种微粒涂抹在一种物质上的能力，让一切事物具有可黏性。基于这样一个核心技术，它只需要遵循开发路径，就能够根据市场需求研发出成百上千种产品。

拥有独特的核能，企业才能步履坚定。

拥有独特的核能，企业才能步履坚定。就像3M公司最受尊敬的一位CEO麦克奈特说："虽然你常常是步履蹒跚地到达目的地，但是你必须先行动才能有步履蹒跚。"

同样，日本的本田公司也是这样。本田公司的前身是1935年成立的大日本帝国本田技术研究所，主要是为日本研发"二战"军用汽车与装甲车。"二战"结束后，1948年9月新建了本田汽车公司，全称是本田科研工业股份有限公司，前期主要是生产纺织机械。

今天，本田的产品有汽车、摩托车、割草机、除雪机、花园播种机、艇外推进机、履带式雪上汽车等，那本田是不是实行了不相关的多元化经营呢？不尽然。仔细研究之后我们就会发现，本田公司不同的产品里都有一个相同的核心，那就是本田制造的发动机。

这个核心专长支撑了本田公司摩托车、小汽车、割草机等动力机械产品的制造。本田公司曾经有这样一个广告，有人问：怎么把六部本田放到只能存放两辆车的车库中？然后，广告做出了展示，原来车库里放的是一辆本田汽车、一辆本田摩托车、一辆本田履带式雪上汽车、一台本田割草机、一台本田发电机和一台艇外推进机。六部本田，不同的产品，同一个品牌，同一种核心。

我们都知道，一家企业不可能同时打造几种一流的核心竞争力。如果你的企业列出了许多能力，很有可能那并不是你的核心能力。打个比方，如果说一家企业就是一棵大树的话，树干应该是它的核心竞争力，枝干和树叶是它最终的产品体现。就像3M公司和本田公司，它们都是把一项技术作为自己的核心专长，并把这项核心技术充分地转化为整个企业的核心竞争力，然后根据市场需求来研发产品。正是这个核心能力决定了企业的发展规模。

不管是3M公司还是本田公司，都可以说是技术型的核心能力。除了技术型的核心能力，还有哪些核心能力？还有品牌的核心能力，比如耐克；速度型的核心能力，比如ZARA；整合型的核心能力，比如苹果；还有文化的核心能力，比如稻盛和夫的京瓷；等等。

所以伟人步履稳健地走在前面，是因为他的核心竞争力具备了竞争对手难以模仿的特性。那么，作为二次创业者或者后发者，总体优势的确不及先行者，那要如何才能后发制人呢？

二次创业，重在核心能力

奇虎360推出杀毒软件的时候，极大地冲击了当时的杀毒软件市场，尤其是冲击了瑞星和江民等杀毒软件公司传统的杀毒软件产品。因为奇虎360采取的是免费模式，而且是“真正永久免费的杀毒软件”，市场上的杀毒软件则都是以收费为主的，这就破坏了竞争对手的核心竞争能力。

佳能也是这样。美国施乐公司作为复印技术的发明公司，在复印机市场上占有无可匹敌的霸主地位，当时的人们只要想到复印机就会想到施乐，施乐一度成为美国企业界的骄傲。佳能是一个原来只生产照相机的企业，在 20 世纪 70 年代初，研制出了日本第一台复印机。从此佳能也开始进入复印机市场，并且以迅雷不及掩耳之势攻占了市场。作为一个新进入者，佳能为什么能够取得后发先至的成效？原来，佳能没有模仿施乐的核心竞争力，而是改变了游戏规则，采取零维护的方式。在产品设计上，佳能设计成小型复印机，跟佳能傻瓜照相机一样，功能简单，操作方便，并且不需要维护，只需要更换耗材就可以了。佳能的复印机只卖不租，这就把服务的责任委托给经销商，不用自己派专门的技术人员去进行服务。

施乐复印机因为性能较高，操作比较复杂，在使用过程中经常需要维护和保养，所以需要大量的专业服务人员去进行日常维护，就大大增加了服务成本。当佳能的零维护出现后，施乐的核心能力就遭到了破坏。于是，从 1976 年到 1981 年，5 年的时间，施乐公司在复印机市场的份额从 82%直线下降到 35%。

再举一个例子，京东商城。京东商城在网络上卖家电，国美、苏宁也卖家电，它们的模式不一样，生存方式也就不一样。比起国美、苏宁两家大卖场，作为后发者，京东商城虽然不是卖场却开得更大，资金更雄厚；或许质量也不是最好，售后服务也不算很好，但是京东商城却赢得了家电市场。因为京东商城价格低，性价比高。所以它一进入市场，就对苏宁、国美造成了强烈的冲击。一边是没有实体店的网上商城，另一边是拥有众多实体店的大卖场。依靠经营模式的不同而赢得市场，这就是后发者的优势。

很多后进入市场者，一进入市场的时候，很可能会盯住对手的成功模式，然后进行模仿。但是，对手的核心竞争力具备了别人难以模仿的特性，后来者可以模仿对手的成功经验，却很难模仿对手的核心能力，即便是模仿成功了，也是跟在对手的后头跑，难以超越对手。

《孙子兵法》对此早有论断："凡先处战地而待敌者佚，后处战地而趋战者劳。"所以，后发者进入市场，作为进攻者，取胜的关键点就是攻其要害，破坏竞争对手的核心竞争力，然后培养自己的核心能力。

作为进攻者，取胜的关键点就是攻其要害，破坏竞争对手的核心竞争力，然后培养自己的核心能力。

而二次创业的本质是从借外力到练内功的转型，二次创业成功的标志就是拥有别人学不会、偷不走的核心能力。

一分耕耘未必一分收获

一分耕耘、一分收获是说在环境、条件都不变的情况下，有耕耘才会有相应的收获。问题是这个假设条件根本就不存在，在商场上，一切都在改变，根本就不存在环境、条件不变的情况。

我统计了近年国际上一些行业的投入和收益比：投入在能源行业，收益是 312%；投入在金融行业，收益是 170%；投入在健康护理行业，收益是 163%；投入在主要消费领域，收益是 143%；投入在原材料领域，收益是 126%；投入在工业领域，收益是 109%；投入在信息技术领域，收益是 106%；投入在电信领域，收益是 89%（见图 4）。如果投入在中国 A 股上，最近十年的收益是 0.5%，所以炒股其实是一个低收入行业，你不要看到有人炒股发了财，跟着眼红，也去炒股，那其实是“一将功成万骨枯”。

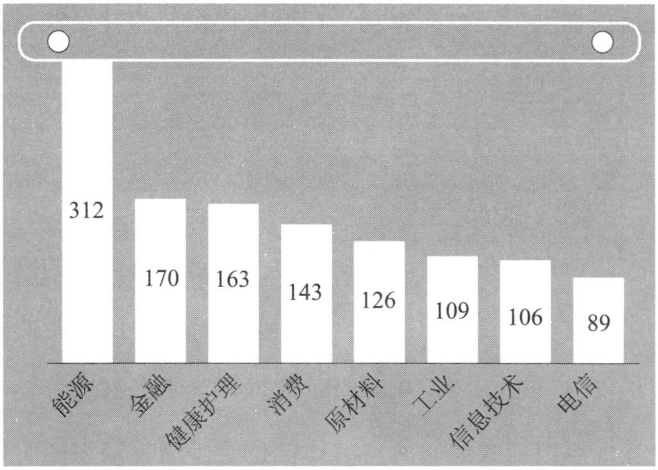

图 4 近年全球各行业投资回报率（%）

所以，同样多的钱，你投资在哪个行业里要做个选择。种子如果找到了肥沃的土地，又有充足的水分、阳光和肥料，就会长得快。有人可能会问，现在商场上，还有什么行业是肥沃的土地？互联网行业吗？其实，互联网行业只是表面上看着很肥沃，实际上已经开始出问题了。当大家发现某一个行业的土地非常肥沃，蜂拥而入的时候，这个行业就已经变成开垦过度的土地了。所以，一个优秀的企业家，要努力找到一片别人还没有发现的处女地。

> 一个优秀的企业家，要努力找到一片别人还没有发现的处女地。

美国投资大赛的冠军马克·库克每年的收益是 50%～100%，有的人可能一分耕耘会获得 500% 的回报。所以，一分耕耘并不是一分收获，千万别在那里傻耕耘。如果埋头耕耘不看天气，一场冰雹下来可能就什么收获都没了。要注意观察在哪里耕耘，为什么耕耘，还要看土地怎么样，天气怎么样。

耕耘与运气有关，运气就是天气

有一次，李嘉诚在接受记者采访时，谈到了对人生的感悟。在他看来，一个人要想在20岁之前取得事业上的成功，需要的是勤劳、踏踏实实地做事。20岁到30岁的时候想要成功，10%靠运气，90%靠勤奋。并且年纪越大运气所占的比例也会越高，最多的时候运气差不多要占三至四成了。用他自己的话说是："不敢说一定没有命运，但假如一件事在天时、地利、人和等方面都相背时，那肯定不会成功。若我们贸然去做，至失败时便埋怨命运，这是不对的。"

这说明运气会对耕耘产生影响。运气好，又勤奋，收获就会好；光是勤奋，没有运气，也照样倒霉。当然，即使有好运气自己不勤奋，也不会有好的收获，比如买彩票就是这样，你有运气，可能一夜之间就会中3亿元大奖，成为亿万富翁；如果没有运气的话，就算你花3亿元，买一辈子的彩票都不会中。

运气是什么？它是发生概率很小的一些机会，并且这种机会的随机性很强，无法计算且不可控制。你不知道它什么时候会来，从哪儿来，怎样来，将会产生什么样的结果。运气具有不可控性，但是会影响收获。所以，在正常的耕耘下，运气不好的话，收获肯定也不一样。

比如华谊兄弟传媒的王中军从国外打工回来之后，开了家广告公司。他很幸运地遇到了中国银行这样一个大客户，得到了一笔大单子——给全国的中国银行设计统一的LOGO，从而赚到了第一桶金，让他有了几千万的身家，成了别人眼中的有钱人。之后有人要拍电影，他就成了别人游说投资的对象。1998年投资《没完没了》，很幸运地碰到了冯小刚导演，结果盈利了。后来华谊兄弟以三年总计60万元的聘礼与冯小刚"联姻"。拍电影的人多了，但是很少有人像王中军这么幸运。这就像是打仗一样，同样是英勇，没运气的人就上了阵亡录，有运气的人就上了英雄榜。所以，瞅准时机，把握运气，顺势而为，就会增加收获。

耕耘与资源有关，资源是肥水

俗话说"巧妇难为无米之炊"，没有米，就算你是国际一流的厨师也做不出白米饭。耕耘也是一样，没有资源就不会有收获，当然资源不好，也会影响收获。

有的企业家说，我们也知道资源很重要，但好的资源都让国企占了。金融业我们进不去，电信业我们也进不去，烟草业还是进不去，石油、电力等能源产业更进不去。问题是还有一些你天天都能够看得见、用得上、摸得着的资源你也没用啊。比如电梯，大家都认为它只是个交通工具而已，很少有人把它看成资源。所以每天那么多人上上下下乘坐电梯都没有想到要好好利用电梯。分众传媒就想到了，他们不仅充分利用了电梯的空间，还把电梯变成了有利的资源。

电梯与老百姓的生活关系再紧密不过了，每天进进出出电梯的人非常多。如果把广告植入电梯，那么就会很容易进入老百姓的视野，从而引导消费。这是一个非常好的商机，用江南春的话说是：“一个人早上上班，他进了电梯会看到电梯海报，在写字楼看到楼宇广告，而在超市、大卖场又能看到我们的大卖场联播，分众的综合影响力将得到很大提升，市场的后进者也将更难效颦。”

2005 年年底，分众传媒以 1.83 亿美元的价格收购国内最大的电梯平面媒体经营商框架媒介，从而占据了电梯海报市场 90% 以上的份额。结果表明，这个资源是有利可图的。2019 年分众传媒的营业收入达到了 121.36 亿人民币。

对企业而言，资源就是公司的财源，没有资源，企业只能画饼充饥。分众的营收就很好地说明了这一点。2004 年，也就是分众传媒上市的前一年，分众传媒全年的销售收入为 2.4 亿人民币，现如今，分众传媒一个季度的收入就是当年全年销售收入的好几倍，这就是资源的效益。

如果没有这些资源会怎么样？即使分众传媒再努力，也不可能实现几倍，甚至几十倍的增长。所以从某种意义上讲，资源很大程度上决定了收获的大小，这是需要引起企业家们注意的。千万别放过任何优质资源，一旦别人把最好的资源都占了，你再想进入那个行业就迟了。因为没了资源，即使有再多的努力，到头来也会一无所获。

千万别放过任何优质资源，一旦别人把最好的资源都占了，你再想进入那个行业就迟了。

当然，资源很重要，选对了资源更重要。就好像种地选种子一样，如果你撒错了种子，把旱稻拿到了水里面去种或者把水稻拿到旱地里去种，那肯定是不会有好收获的。所以，员工选错企业，空囊；企业入错行，空忙。

耕耘与政策有关，政策就像阳光

企业的生存与发展不只是处在一个市场的小环境中，更是处在社会的大环境中。在市场环境下，企业只需要遵从市场规律就可以了，但是在大的社会环境下，企业的发展不只是受到经济因素的影响，还要受到政治、文化等因素的影响。

尤其是政治因素，主要体现在国家政策的影响。政策是什么？政策代表的是大的、宏观的经济利益，是随着国家在某个时期的目标与任务而不断调整的。政策的作用有可能是促进企业发展，也有可能是抑制企业发展。政策引导企业发展，政策的调整会对企业的发展产生很大的影响。比如，比亚迪生产的新能源汽车在政策扶持方面，就有着得天独厚的优势。

2003 年，比亚迪收购西安秦川汽车有限责任公司，开始进入汽车制造行业。与传统的汽车制造企业不同的是，比亚迪不只是关注传统能源汽车，而是较早地选择了新能源汽车的发展方向。从 2008 年开始，可以重复充电的比亚迪 F3DM 和 E6 双模混合动力车相继面世。尤其 E6 这款汽车，百公里能耗约为 20 度电，相当于燃油车的 1/3 至 1/4 的消费价格。不仅降低了油耗，而且不会产生任何尾气排放，不会对环境造成任何危害，很好地解决了环保问题。作为新能源汽车领域的领跑者，比亚迪在新能源汽车方面走在了世界的前列。

可以说，比亚迪利用自己的技术优势创造了新能源汽车的奇迹，而这种汽车的诞生是符合国家产业发展要求的，所以国家的政策也给新能源汽车开了绿灯，对其给予了大力支持。

2009 年，国务院出台的《汽车产业调整和振兴规划》特别安排 100 亿元专项资金用于支持新能源汽车发展；2010 年，国务院四部委联合下发《关于开展私人购买新能源汽车补贴试点的通知》，公布了首批五个新能源试点城市，对私人购买新能源汽车进行补贴；近期全国各地也都出台了一些刺激新能源汽车消费的新政策，全力支持新能源汽车产业发展。

另外，《节能与新能源汽车产业发展规划》确定了电动汽车作为汽车产业转型的重要战略方向。政府的大力支持无疑为新能源汽车的发展提供了政策保障，并且这些政策也为比亚迪新能源汽车的产业化、市场化创造了良好的外部环境。

很显然，新能源汽车之所以会得到这么大的政策支持，并不是给点阳光就灿烂，而是光照相当充足。节能、减排、环保，这是全世界的共识，也是社会发展的趋势。之前由于受到技术条件限制，很多企业高耗能、重污染，严重破坏了自然环境。现在技术条件提高了，国家提倡科学发展、可持续发展，为了企业的发展更健康、更持久，必须节能减排。毕竟一时的效益不是一世的景气。政策变扬为抑了，企业就必须按照政策办。哪怕现在发展得很好，如果与国家政策相背，最后也是死路一条。现在很多高耗能项目的停批、停建就是很好的例子。

为什么深圳出了那么多行业的“优良品种”？万科、招行都出在深圳而不是别的地方，就是因为那里是政策光照充足的地方。总而言之，如果说资源是企业发展的命脉的话，那么政策就是企业的晴雨表，政策的阴晴圆缺直接决定了企业的命运。

> 政策就是企业的晴雨表，政策的阴晴圆缺直接决定了企业的命运。

企业要想发展，政策是关键。政策好，外部环境良好，企业发展就可以风调雨顺，土壤肥沃，阳光充足。政策变化，风险变幻莫测，企业则可能会血本无归。作为企业家，必须时刻关注政策动向，严格按照政策办事。

第四章

知本制胜：人才的能量

学会造血，打造企业的铁军

谈到人才的问题，我们常用这样一个比喻，说企业是一个人，他需要很多能量，人才就是这个人的血脉，缺少了人才，这个人的血脉就枯竭了。在研究企业的时候，我们会发现，一个好的企业是以造血为主，而一个比较差的企业是以输血为主。

一个企业在成立初期，自己造血的功能不够，往往需要从外部输血，因而到处招聘人才。一个企业在成长的过程中，如果不断流失人才，又不断招聘人才，而自己不能培养人才的话，说明这个企业的造血功能不够好。造血功能不好的企业，就不是一个成熟的企业，更谈不上优秀的企业。要想知本制胜，发挥人才的能量，企业必须解决的第一个问题就是学会造血，打造企业的铁军。

其实，企业造血还是要从招聘开始。招聘是第一个环节，招聘了新员工之后，企业还要进行教化、训练，最后才是使用员工，发挥员工的功能，直至员工创造业绩。通常都会经历这样四个阶段（见图5）。有人说，招聘就是把人招进公司，很简单，那招聘最大的价值又是什么？

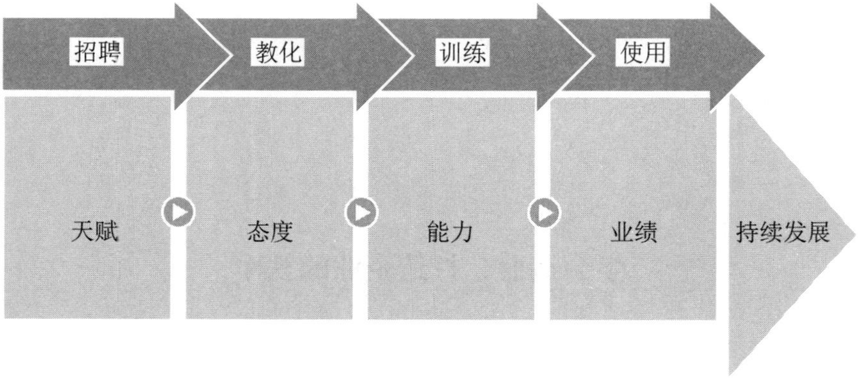

图5　企业用人模式

招聘的最大价值在于解决天赋问题

每个人都有自己的天赋，尤其做英雄的人更需要这种天赋。这种天赋是很难通过招聘之后的三个阶段培养出来的，教化、训练、使用都无关天赋，关注的都是些后天的东西。招聘这一关的关键是能招到极具天赋的人，招到适合这个岗位、适合这项事业的人。

> 你想训练千里马，那一定要先找到优良的马种。如果你找到的是一头毛驴，就算你功夫再好，最多打造出来一头跑驴。

比如，你想训练千里马，那一定要先找到优良的马种。如果你找到的是一头毛驴，就算你功夫再好，最多打造出来一头跑驴，不可能训练出千里马。招聘要解决的就是天赋问题，员工的天然禀赋会在这个环节呈现。什么叫天然禀赋？就是在进入公司之前，员工所积累的才能，他的禀性。到了公司以后进行再加工的都是后天的东西。因为有某方面的天赋，他会有那方面的乐趣。天赋所在，乐趣就在；乐趣所在，员工的超能就在。

暴雪公司作为一家网络游戏开发商，为什么能超越其他的网络游戏开发商？其中有很多原因，我发现最根本的原因是它能招聘到疯子，也就是说，暴雪公司的设计人员都是一群疯狂地热爱游戏的人。

暴雪公司出现之前有一些著名的网络游戏公司，我研究了一下它们在招聘设计师的时候的特点。它们也能招聘到对游戏很熟悉和精通的人，但是，它们招到的很多高手下班后是不玩游戏的。那些人会很冷静地看待自己的工作，对工作没有达到狂热的地步，没有发挥自己的超能力。

有时候，有些老板会说带了某个员工三年，还是带不出来，觉得是自己不行，自己不会带人。其实不是，往上追溯一下，可能就会找到源头是一开始招人的时候就招错了。选择的人不对，老板再努力，也是将种子撒进了盐碱地。如果这个岗位真正适合那个员工，他一上手就能表现出是那块料，即便不用人带，也能自己往前走。

教化解决态度问题

一个人以什么样的态度对待工作涉及他的理念问题。比如，有的人对工作的态度就是：我赢，我赢，我一定能赢。但是他没想到双赢。所以，他跟别人合作的时候不能吃亏，即使跟老板合作也不能吃亏。一个人抱着这样的态度，别人就很难和他合作。

假如经过教化，他认识到了合作的重要性，改变了原来的理念，现在对待工作的态度是多赢，一定要大家赢。老板要赢，客户要赢，同时员工自己也要赢。他有了这样的理念之后，接下来企业的训练才能进展顺利，而他也会乐于接受企业的训练。所以，如果说招聘解决天赋问题，那么教化就是解决态度问题。

珠海有一家企业，我在给他们做咨询的时候，他们的老板告诉我，他们的员工最讨厌的竟然是培训。我问他是怎么回事，他说，他对员工特别好，特别重视员工培训，还特意请了很多特别厉害的培训师来给员工培训，有的讲技术，有的讲专业，有的讲销售，每个星期都给员工安排培训。后来，公司进行民意测验的时候，大家一致反对的，竟然是培训。原因是公司规定不参加培训要扣钱，少则 200 元，多则 1000 元。

老板觉得自己很冤枉，他明明是为了员工好才安排的培训，甚至让员工参加公司外的一些培训，比如学英语、学钢琴等。老板对员工参加培训的支持力度很大，甚至员工培训的学习费用都可以报销一半。但是，员工却不领这份情，老板就纳闷了，问题出在哪里？

其实，这是因为员工的态度问题没有解决好。员工没有动力接受培训，他们把培训看成是老板让他们做的事。于是，我跟这位老板讲，老虎喜欢吃兔子，你要想让老虎怕兔子也很容易。兔子有营养，既然老虎喜欢吃，那就一直给老虎吃兔子。老虎吃完一只兔子，再给它一只。老虎能吃四只兔子，你就喂它五只，喂完五只兔子之后继续喂。如果老虎不吃，就用电棍电它，再不吃，就打它。最后，肯定是老虎拼命想把兔子塞进肚子里去。本来兔子是好东西，但因为是别人强塞给它的，并且已经超过了它能接受的量，兔子就变成了坏东西。结果是老虎形成了条件反射，一看见兔子就仓皇而逃。

为什么员工不爱培训？怎么能让员工爱培训？怎么改变员工的态度？培养饥渴感。不再给员工培训了，把员工的胃口吊起来。在员工晋级、干部升职的时候，别的条件都满足了之后，最后一关考核要过关。考核不过关，那就给员工只做档案工资，不兑现升职。

员工不参加培训，到考核的时候就会答不好，然后就会抱怨，就会要求老板给他们培训了。员工有了培训的需求，他们就会认真参加培训了，因为有与员工切身利益相关的东西拉动，所以再做培训的时候，能坐300人的会场竟然来了500人，过道上都坐满了人。要改变员工对培训的态度，一定要把培训和员工的成长、利益、兴趣挂钩。

关于改变态度的方法，除了造成饥渴之外，还有一个关键因素，就是老员工。老员工的态度具有一定的传染性。比方说，一个企业的老员工讨厌工作，那么新来的员工一定会被传染，这个传染性很强。老员工热爱工作，老员工喜欢学习，那新员工也会被带动起来。所以，必须发挥老员工的作用，尤其在教化这个问题上，老员工的潜移默化很重要。

训练不到位，源于没有对症下药

很多企业都会有这样那样的训练，但是训练之后老板会发现效果并不好，之前说投入 1 美元会收回 30 美元的，实际上并没有达到目标。原来有一些世界著名企业在培训上投入 1 美元可以收回 30 美元，大部分老板都想效仿，结果发现投入了 30 美元，1 美元也没收回来。这是为什么？因为训练不到位。为什么会训练不到位？原因是缺少对症下药。

一般来讲，一个企业要有三类药：第一类药是给员工吃的，叫作执行力，执行力这类药的主要特征是兵精其艺，有了执行力，员工的技术水平就提上去了，就能够执行能够打仗；第二类药是给中层吃的，叫作推行力，就是说中层要有一套管理方法，在公司里更多的作用是推行，这类药的主要特征是将通其法；第三类药是给高层吃的，叫作领导力，这类药的主要特征是率民其道，高层要领导整个企业向前发展。

而有些企业在培训的时候，把三个层级的人放在一起，这样药就抓混了，大家一起吃药，结果有病的没治好，没病的还吃出病来了。

我知道的一位老板就是这样，他领着员工去听一位著名管理大师的课程。那是一位台湾的管理大师，经常讲高层领导力，那位管理大师的核心观点是运用古代的权术。其实作为高层来说，学一点古人的智慧也有助于开窍，这是一个好东西，但从另一方面讲，权术也是有毒的东西。因为权术要够水平的人使用才行，不够水平的人学了权术很有可能会走火入魔。

我的这位老板朋友觉得这个课程挺好，就领着自己的九个副总裁一起来听。管理大师说，我们在管理员工的过程中是根据韩非子的法制理论，假定人性是恶的，假定员工没有好东西，所以必须修理员工。要想修理员工，就要先把员工搞晕。这位管理大师举例说，假如下属向你请示工作，你不要说应该这么做，一旦你这样说了，员工就清醒了。应该这样问他，你说该怎么做呢？那员工就会说，我觉得该这么做。然后，你不要点头，一定要说不、不、不，最后倒吸一口凉气问，是这样吗？员工就会觉得身上冰凉，又说应该怎么怎么做。你再倒吸一口凉气问，是这样吗？员工身上更凉了。就这样，员工说三次，你吸三口凉气，员工的血都凝固了，就开始瞎说，如果碰巧说到你想让他做的，你也不要说行，就说，打住，你真的想这样做吗？如果你想这样做，就这样做吧。

员工如果这样做了，取得了成果，自然有老板的功绩；如果不能取得成果，也没有老板的问题。老板始终占据主动权，这就是老板掌握主动权的方法。

结果，课程学完了，我的老板朋友发现出问题了。原来开会的时候大家都踊跃发表意见，学了这个课程之后，一开会，老板说，大家说一说，下个月我们这几件事该怎么办？几个下属都倒吸一口凉气说，老板你说怎么办呢？老板一说什么，他们就说，是这样吗？结果，员工都不好领导了，这就是吃错了药。本来是领导用来对付下属的着儿，通过这个课程帮下属揭开了领导的秘密。所以，一定要注意什么样的人吃什么样的药。

此外，在训练的时候，除了药要用对之外，方法也要用对。如果你是讲开窍的课程，一定要用空间结构，上怎么办，下怎么办，左怎么办，右怎么办。讲实用的课程就不能用这种空间结构，一定得按步骤顺序编写教材，第一步、第二步、第三步、第四步……有先后顺序，让人知道应该怎么办。

功夫上身：形象即封面

在训练方面一定要有一流的脚本。就像我们练太极拳的时候一般都练最普通的杨氏十八式。再比如，学管理的人都学 MBA，结果你也学 MBA，我也学 MBA，最后分不出来谁 B 谁 A。所以，训练的脚本要有针对性和独特性。中国的 MBA 真正要有出息的话，应该不能简单模仿西方的理论，而是必须有自己的一套东西。而一个企业要想有出息的话，也得有自己的一套专用教材，要为自己的企业量身定做，不能用通用的教材。

另外，在训练的过程中，有时候最该训练的其实是训练师，最该培训的应该是培训师，最该咨询的应该是咨询师，因为他们本身就存在许多问题。许多培训师是听课最少的人，因为他们最不愿意听别人讲课，他们根本就没经过训练——经过训练和没经过训练的人是不一样的。

没经过训练的人，比如他要讲一个形象礼仪课程，他会这样讲：形象礼仪非常重要，主要有五点非常重要……最后他讲完这五点，别人听得很枯燥，还是没理解形象礼仪有什么好处。这样的培训师讲了十年课始终都是老样子。这种情况下，就得让他功夫上身。

我曾经遇到过一个这样的培训师，他讲课的时候那大段的开场白就让人昏昏欲睡。后来，我给他做了一个示范，采用了实物演示法。我拿了一本书说，讲形象礼仪的课程你这样开头就行了。

看，这是一本书，这是书的封面，非常漂亮的封面，现在我把这个封面撕了，这本书没有了封面，影不影响它的内容？不影响它的内容，它的内涵没有改变，功效还是一样的，但是如果有一百本书放在这里卖，最后剩下的会是哪本书？肯定是这本书，为什么？因为它的形象被毁了。所以，形象礼仪就是一个人的封面，你要做一个最好的封面给自己，才能让别人接受你的内容。

这就是受过专业训练的人讲的开场白。没有经过专业训练的培训师出来讲课，会经常听到别人感叹：就这样的人还敢出来讲课，这无非是一个胆子大的英雄。

使用的核心词是让他创造业绩

我们经常说要培养员工创造业绩，很多企业还有个口号叫“人尽其才，才尽其用”。这听起来很有道理，持有这样态度的领导者往往会把人才的作用发挥到极致，用人才推动企业的实际发展。你能够一个月做 500 万的业绩，领导者一定要把你的能力发挥到做 600 万、700 万的业绩，这样做是否正确呢？

单就一个人来说，这很可能是正确的做法，你发挥了一个人的最大价值，但是从组织管理和打造铁军的目的来看，这样的企业领导者并没有真正掌握使用人才的方法。

我在一家咨询公司做过调查，一般企业里业绩很好的人员的流失率会比较高，业绩差一点的人员的流失率反倒不高，业绩特别差的人员的流失率也很高。通过调查发现，一般业绩低于50万的人员的流失率最高。我们来计算一下，如果一个员工一年的业绩低于50万，提成按10%计算的话，他的收入也不过5万，因为收入不够高，所以这样的员工的流失率就会很高。年薪5万，还不能满足他的生存需要。业绩超过150万的人员的流失率也比较高，因为这样的人会有自己做王的心态，往往会自己出去开小公司。

这样我们就会发现，其实一个企业使用人才都有自己的最佳业绩量。就像日本的神户牛，人们都说神户牛好吃，其实神户牛是以年龄3岁、体重500千克时宰杀为最佳。500千克是神户牛的最佳状态，高于500千克，牛肉就显得老了；低于500千克，牛肉又会太水，一定要维持在500千克才能口感最佳。所以，一个员工创造的最佳业绩，每个企业都是有不同的衡量标准的。

这家咨询公司最后让业绩在50万以下的员工大部分自生自长，这样做会考验他们的天赋，给他们配置的优秀资源比较少；业绩在50万以上的员工，企业给他们配置优质资源，给他们的资源不断增加，他们的业绩也就会不断增加；当他们的业绩到了100万的时候，就不给他们配置优质资源了；这些员工业绩到了100万之后，还会有惯性，还会继续往上冲，但是凭借这种惯性他们的业绩一般冲不到

150 万，于是这些员工就成了最稳定的人才，企业就把他们留住了。

如果员工的业绩到了 100 万的时候，企业还继续给他们配置优质资源，那么他们的业绩很快就会超过 150 万了，他们就会想着自己出去做了。一个真正会用人的企业，不是把人用到极致，而是把人用到恰好。最稳定的员工往往就是企业的资本。

“空降兵”的利与弊

很多企业都觉得，培养人才太复杂了，直接用“空降兵”不就得了，还费劲培养干吗？“空降兵”就像是输血，“哗”地抽过来，输进去，企业可以立刻精神焕发。用“空降兵”有这样一些好处：“空降兵”来得快，水平高，而且即来即用，不用费时间培养。

但是，“空降兵”也有一些坏处：“空降兵”来到企业之后往往会发生凝血反应，和“子弟兵”对立起来了。发生这种情况，有的时候说不上是“子弟兵”错还是“空降兵”错，其实只是血型不对。一个 A 型血的人，被注入 B 型血，就容易发生凝血反应。还有，“空降兵”在外面接受的是另外一种文化的熏陶，那种文化跟现在企业的文化会有冲突，甚至有些“空降兵”接受的是不好的文化熏陶。企业的员工本来很健康，“空降兵”来了之后，很可能会携带病菌，那就麻烦了。“空降兵”一个人病了，最后导致整个企业都病了。“空降兵”进入企业之后，可能会影响到整个团队，恶性的企业文化也会随之发生影响。

经过调查发现，使用“空降兵”的成功率不足 20%，80% 都是失败的。一般企业就算是用“空降兵”，也要先让他从不显眼的位置做起，不要立刻放到重要岗位上，而是要逐步把“空降兵”改造成“子弟兵”。

MA+C 模式

可能有人会提出疑问，如果是从基层做起，那“空降兵”的改造过程会不会比较漫长？这种情况下应该怎么办？用“空降兵”会造成水土不服，用“子弟兵”水平提升又慢，如果两者都用，他们又会打架，那应该怎么办呢？

其实这是国际上都没有解决的一个难题。这几年，我们一直在尝试解决，也已经取得了比较好的效果，而且很多企业家也认为我们采取的方法是一条可以走得通的路。我们采用的方法是用“子弟兵”管理者，然后给他们配上一个咨询顾问，也就是 manager + consulting，MA+C 模式。

让“子弟兵”来领导团队，特别是一些关键岗位的负责人在公司创业期就来到了公司，现在能力上不去了，公司如果用“空降兵”替代他，“空降兵”的忠诚性和稳定性都不如他，那怎么办？不用“空降兵”，用顾问。比如一个企业的四个核心人员配上四个顾问，每个核心人员一个顾问，顾问最好来自同一个咨询团队，要不然也会发生“八王之乱”。每个人都有一个师父支持，会打得一片混乱，所以最好是同一个咨询公司同一个团队的人来做顾问。这样，同一个理念嫁接进去比较容易，对企业的好处也很大，主要体现在以下三个方面。

第一，费用极省。用一个“空降兵”的费用要超过用顾问的一倍，现在用了顾问只是在原有基础上增加 15% 到 20% 的费用。在管理的过程中遇到问题，就去找顾问，顾问也不用坐班，随时保持联系就可以了。

第二，稳定性更好。有了顾问之后，管理者的弱势就被弥补了，尤其是在规划、设计和关系等方面，由于有了顾问的支持，能力大大提高。以前和别人发生矛盾之后，员工会从自己的角度看问题，现在会把问题跟顾问说，顾问说了自己的看法，他就有了第二视角，甚至第三视角，所以看问题就心平气和了。这会让核心员工的工作稳定性更好。

第三，易于知识传承。四个核心人员配上四个顾问，就等于企业有了四梁八柱。如果真的有一天这个“子弟兵”离开这个岗位了，那别人来接手这个岗位的时候，因为顾问很熟悉业务，所以很快就能完成知识传承，不至于出现一根柱子断了，这一块就塌了的问题。

同时，我觉得这也是人道的。对于已经创造出业绩的老员工，这是一种高水平的关爱和照顾。企业把这样的员工淘汰了也无可厚非，但是企业关怀这样的员工，让他能够持续成长，就会提高他的忠诚度。当他走不动的时候，企业给他一根拐棍让他拄着走；当他支持不住的时候，企业给他一根柱子帮他撑住，这样才能撑起企业这片天，保持企业的持续发展。

没有高薪，高手这样“留人”

在第四届中国杭州国际人才交流与项目合作大会上，有专家提出这样的一个观点：“目前国内大部分优秀人才移居到海外，要用优厚的待遇来吸引挽留人才。”即以高薪吸引“海归”，让他们回来工作。许诺高收入是一个途径，但是中小企业，尤其是我国的很多中小企业在这方面绝对不占优势。

其实，就算再有吸引力的高薪，再给他一部分创业基金，都不如国外对他的吸引力大。所以靠高薪这一条是不行的。想一想当年为了支援祖国建设，多少仁人志士从海外学成归来，当时什么待遇都没有，甚至什么条件都没有，他们也愿意从海外归来，他们究竟是为了什么？

吸引人才的四条磁力线

最近这些年，无论是中小企业还是大型企业，动不动就在人才市场上抛出优厚的待遇招贤纳士。然而，真正的人才会为了优厚的待遇而来吗？也不尽然。我把吸引人才的磁力分成四种：一是为了某种感情，二是为了某种逻辑，三是为了某种利益，四是为了某种梦想（见图6）。对于没弄明白这四种吸引人才的磁力线的企业家，我想关起门来说几句私房话。

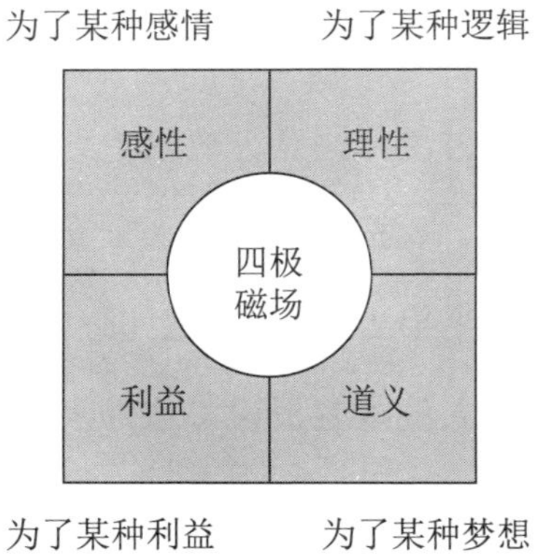

图6　吸引人才的四条磁力线

第一，为了某种感情。这一点我们的先人就做得很好，他们常常会通过某种感情吸引住某个人或者某些人。比如，战国时期的魏国大将吴起就是这样，他对士兵很好，即便没有军饷，没有好处，士兵也愿意跟着他走。

第二，为了某种逻辑。为了某种逻辑就是企业要想吸引人才，不让人才流失，除了对人才要好之外，还得让这个人真正从理智上认清这是最适合他的企业。要不然他总是会抱怨，会觉得别人的企业好。企业必须教育他，让他明白，别的企业看着好，可能是真的好，问题是那个企业不一定适合他。

一个员工必须认识到自己的水平有多高，企业的水平有多高。二流的人才在二流的企业中工作很适合，如果他们非要到一流的企业里工作，一流的企业可能会不拿他当人才。适不适合很重要，这也就是人才会为了某种逻辑留下来，首先在逻辑上要说得通。

第三，为了某种利益。高薪是最快、最简洁的吸引人才的方式。我咨询过的一家企业就是这样，他们看好了一位职业经理人，谈了工作条件、工作待遇，对方说都同意，也很想到这里来工作，不过原来单位的工作交接比较慢，要把工作都给人家交接清楚了才能过来，差不多得需要半年时间，半年之后才能来上班。

人力资源部的负责人就跟老板说了这件事。在非常情况下，人力资源负责人一定要请老板出面，因为人力资源部只能按规矩做，特殊情况需要老板来定夺。于是，老板出面跟那位职业经理人谈了十分钟，问题就解决了。那位职业经理人第三天就来上班了。我问那位老板跟职业经理人谈了什么？

老板说，没谈什么，就是问他原来的收入是多少。他说 60 万。那我说我给他 100 万，而且明天就打到他的账户上。这 100 万先垫底，其他收入再慢慢谈。结果十分钟就谈完了，第三天人家就来上班了，这时，钱起到了关键性作用。对于一个普通人来说，钱起到的作用是最快的。

钱的作用对于吸引人才来说是有用的，是极快的，是一服快速药，相当于速效救心丸。但是，用金钱吸引来的人都在企业里留不长久，很快就会流失。一旦别家出价更高，这种人才就会跳槽，会成为习惯性流失因素。很多人才会被钱吸引，要他跟一个企业走五年、走十年或更长，基本上是不可能的。可见，高薪留人，只能一条道走到黑。

第四，为了某种梦想。有的人到了一定阶段，梦想成了他最主要追求的东西。当饭都吃不上的时候，可能还处在生存阶段，比较容易用高薪挖来。一旦有了成就，是个人物了，企业再想用高薪挖人，那就比较困难了。因为成为人物之后的人有一个特性，那就是有梦想。当年 IBM 吸引郭士纳就是用了梦想。

当时 IBM 连年亏损，亏损到 81 亿，所有的办法都想过了，包括用公司内部的人来当领导，结果还是不行。在这种情况下，企业必须变革。具体怎么变革，得找外人来变革。一般企业在着急用人的时候就想到了“空降兵”。那找谁合适呢？通过猎头公司 IBM 发现了郭士纳，当时郭士纳根本就不在这个行业。

IBM 的负责人跟他谈了很久，他都不愿意来。为啥不来？因为他觉得 IBM 不适合他，这个行业也不是他的乐趣所在，不管 IBM 给他多少钱，他都不为所动，不想做。谈到最后郭士纳甚至生气了，说 IBM 再找他谈就是骚扰了。这时，吉姆·伯克出面去找郭士纳谈了一席话，就把郭士纳拿下了。吉姆·伯克没谈别的，他只是讲大事，讲梦想，说世界上的竞争已经由军事侵略变成了经济侵略、文化侵略。现在我们“美国军团”遭遇了一伙强敌的进攻，那就是“日本军团”。日本企业大举进攻，已经打到美国本土来了，不仅在海外市场 IBM 节节败退，在美国本土也受到极大威胁。就像“二战”日军偷袭珍珠港时中了弹的战舰一样在下沉，现在没有人能救它。我们发现唯有一个人可以拯救战舰，那就是你。如果你能拯救IBM，那你就拯救了这个产业，你就拯救了美国，你就是美国的英雄。如果你见死不救让日本人打进来了，你就是美国的罪人。郭士纳先生，请考虑一下，你是当英雄还是当罪人？于是，没等吉姆·伯克转身离开，郭士纳就说，我要当英雄。可见，激活一个人的梦想多么重要，甚至连价钱都不用谈，人家就愿意来你的公司了。

> 好的企业其实就是一个梦工厂，一定会给员工造梦。用梦想吸引人才。

诱之以利，不如诱之以梦。好的企业其实就是一个梦工厂，一定会给员工造梦。用梦想吸引人才，人才就会像当年大批仁人志士投奔延安一样，不是投奔利益，而是投奔梦想。如果企业是一个能够实现员工梦想的地方，那么企业的吸引力就会非常大。

所以，在留住人才的时候，有16个字一定要记住：动之以情，晓之以理，诱之以利，激之以义。单用其中的一个，起到的作用往往不是最好的，一定要用复方，根据吸引人才的四条磁力线，把四种药方配在一起，那就是吸引人才的灵丹妙药。

有人说，如果人才价格过高，那怎么办？可以打好提前量，储备人才，也可以找到关键点，在人才低潮时买入人才，还可以采用特殊的方法留住稀缺人才，驾驭可用的人才。

用人，理想化是一方面，比较长远的问题还是规划。比如，你现在面临的问题是挖人才的时候价格比较高，把人才挖过来之后，觉得亏了。可能有些时候不仅是价格高的问题，还有投资收益比不高的问题，都会让你觉得有些亏。

人才价格过高和股票价格过高是一样的。高价买入人才是一种理想的状态，还是一种现实状态？其实，当你想挖人才的时候，急着去挖，就得出高价。爱购物的女人都非常明白这个道理，如果想要一件非常喜欢的衣服，明天就想穿，今晚就要买，那么，价格就会一点也讲不下来，款式方面也得做出让步。

会淘衣服的女人，平时就得淘。临时抱佛脚就得花大价钱，平时淘衣服，就可以用低价格买到好东西。比方说打折的时候、换季的时候。人才也是一样，人才也有打折的时候，那个时候把人才吸引过来才便宜。那具体要怎么做呢？

第一，打好提前量，储备人才。就像女人买衣服一样，某一件衣服她特别喜欢，但是当时不打折，于是会给销售员留电话，什么时候打折让销售员通知她。过了一段时间，销售员会通知她现在搞店庆打五折，那她就可以把衣服低价买回来了。引进人才的时候也是一样，要打提前量，你看上的人才不一定马上能用，可以平时与其交往，不一定要急着挖，尤其是在对方“春风得意马蹄疾”的时候，不要着急挖。

第二，找到关键点，低潮买入人才。说个最简单的例子，宏碁的一帮人离开宏碁之后，成立了一家公司叫华硕。华硕成立后，这几个人发现自己的能量不够，他们缺乏一个领导者，于是就想去老东家那里挖人。当时宏碁的总经理施崇棠跟这几个人有师承关系，算是老师级，又是老上级。于是，这几个人就去挖他。可惜施崇棠不来，人家在宏碁做得挺好的，挺受重视的。最后被挖得实在急了，就说，我给你们点钱吧，你们别挖我了。给了他们一点投资，帮助他们创业。

几年之后，华硕的机会来了。宏碁实行国际化，“空降兵”来了。“空降兵”来了之后，发生了凝血反应，“子弟兵”的日子就不好过了。这时，华硕抓住时机，一挖就把施崇棠挖过来了，价钱都不用谈。人才也有高潮和低潮，你在人才低潮的时候吸纳人才，才能降低人才的价格。

第三，非常道，稀缺人才。人才还要有一些非常道，就是稀缺人才。因为在一个组织中，你找到稀缺人才，组织变化的可能性就小。稀缺人才一定是那种稀缺要素，就好比钾肥，一个企业发展跟植物生长一样，氮和磷都已经很满足需求了，即使再增加一吨也一点用都没有，但是增加一毫克钾肥，庄稼就会长得不一样。所以一定得找到稀缺人才，找到能够弥补组织缺陷的人才，才有战略性价值。

在扎堆的人才中，有一些品质也是稀缺的。尤其在高科技企业里，才能已经不是一个人最重要的要素。在聪明人扎堆的行业里，聪明不再是核心竞争力，聪明人会嫉妒聪明人，而能够让人同情你、支持你、配合你的能力才是核心竞争力，所以厚道、友好在聪明人扎堆的行业里就是核心竞争力。

比方说电视剧《士兵突击》里的许三多就是这样的人。在这个时代为什么提倡许三多精神？因为他傻，傻到让别人同情他，让别人喜欢他，让别人愿意帮助他。相对地，他的老乡成才是一个聪明人，很精明，精明到让别人提防他。所以，在聪明人扎堆的行业里，厚道是最大的才能或者最稀缺的东西，聪明人一定得厚道。

第四，能驾驭的人才是好的人才、可用的人才。当年乔布斯就犯过不能驾驭人才的错误，他把斯库利招聘进来。斯库利来到苹果以后，驾驭能力比乔布斯强，结果把乔布斯赶下了车。马车自己跑掉了，老板坐在地上了。不能驾驭的人才就不是人才，甚至可能是祸害，这种人才导致乔布斯连自己的职位都丢了。

人才管不了，是弃之还是留之

人才通常都有一些个性。特别是现在“80后”或者“90后”的孩子们，都显得有点桀骜不驯。当人才管不了的时候，到底该怎么办？是弃之还是留之？

其实，人才管不了，一方面是因为你这个管理者或领导者的能量不够，解决的方法是通过修行提升自己的能量；另一方面，是因为当一个企业人才稀缺的时候，人才的价格就会飙升，这种人才也比较难管。当一个企业的职位稀缺的时候，很多人才竞争一个职位，职位的价格就会上升，人才也就好管了。

通常情况下，桀骜不驯的人才真的有两把刷子，可以影响别人，有举足轻重的作用。所以这样的人才就不好管，除了领导者自己提升能量外，还有一个方法是引进更多人才。比如引进三个人才之后，他就好管了，就像《西游记》里只有一个猴子的时候就很难管，猴子又不挑担又不牵马，连行李都没法拿，后来引进了猪八戒和沙僧之后，这个团队就和谐了。

人才管不了，很多时候是因为一人独大造成的。当缺一不可的时候，一就是一切。我的一个企业家朋友就曾经遇到过这样的问题，他管不了一个下属。这个下属是他一手培养起来的，当了总经理后，这个下属一人独大，真的是一个企业就他一个人才，一梁撑起了天。我的企业家朋友对他百般忍让，什么都依着他的意见来做，他说怎么办就怎么办。为了留住他，我的企业家朋友把他从副总提到总经理，然后还加上了感情因素，特意给他举办生日会，但这位总经理毫不领情。

甚至有一次，有一个下属问他："总经理，董事长给你过生日，你怎么不给董事长过生日呢？"他说："对啊，我怎么不给董事长过生日呢？董事长怎么给我过生日呢？你想想吧，董事长怎么不给你过生日呢？还不是因为老子有这个本事，我没这本事他能给我过生日吗？不可能的嘛，所以我用不着给他过生日。我把事做好就行了，老板自然就会恭维我，围着我转。"

后来，这话传到我的企业家朋友的耳朵里，他很伤心。但伤心归伤心，还是没有办法解决这个问题。后来在扩展业务板块的时候，他在新的业务板块又引进了新的人才。新的人才又创造了新的价值，接着又增加了新的板块，又引进了新的人才。当由原来的一个板块、一个人才增加到后来的四个板块、四个人才的时候，化学反应就出现了。

总经理亲自张罗着怎么给老板过生日，因为他已经不是一人独大了，已经不是不可替代了。到底是人才需要企业，还是企业需要人才？人才离开企业玩不转，他就会依赖企业；企业离开人才玩不转，企业就会依赖人才。

在经理人和企业家的博弈中，经理人是制造人才的稀缺，企业家是制造机会的稀缺。因为这种博弈一定是企业给人才机会，企业会让人才成为更大成就或更大利益的获得者，他在企业里不断有利益收获，不断获得机会。这就是为什么企业一定要高速成长，因为企业发展速度降下来的时候，这些问题就变得特别严重。

在经理人和企业家的博弈中，经理人是制造人才的稀缺，企业家是制造机会的稀缺。

用好能人，更要用好小人

如何用好小人？这是一个通常在管理上人们不大注重，在实际中又经常出现的问题。如何用好能人，这个问题我们探讨过太多次，有时候甚至连篇累牍地讲，但是怎么用好小人呢？这是让很多人头痛的问题。我发现，很多企业家或领导者，不管是国有企业还是民营企业的领导者，经常是栽在小人手里。本来干得挺好，结果一不小心掉进了小人挖好的沟里。大江大河都过去了，却在沟里翻了船。

什么样的人是小人呢？心胸狭窄、为达目的不择手段的人就是小人。因为一个正派人做事情一定是选择手段的。基本上伟大的人物身边都有小人，为什么会这样？因为小人具有寄生性。一旦你成为伟人，成为拥有巨大能量的人，成为拥有巨大利益的人，就会有一些钻营的人跑到你身边来，伟大的人物常常有小人寄生在身边。

小人的另外一个特点是反复性。小人没有原则，有奶便是娘。如果有了更大的利益诱惑，他们会立刻跟你拜拜，谈都不谈就走了。立刻变脸，还变得特别快，绝对比川剧里变脸还快。

小人还有一个特点是危害性。君子一般会成人之美，小人一般会乘人之危。所以，一定要提防小人。很多时候，我们就是因为对小人的警惕性不够，才受了害。

齐桓公：兴在用人，亡在用人

春秋时期的齐桓公在鲍叔牙的帮助下登上了王位。治国需要人才的时候，鲍叔牙给齐桓公推荐了一个人，但是齐桓公跟这个人有一箭之仇。当初齐桓公跟公子纠争夺王位时，这个人曾经辅助公子纠，还差点一箭射死了齐桓公，这个人就是我们熟悉的管仲。齐桓公很有气度，不计较一箭之仇，拜管仲为相，并起用了许多有才干的人，后来他成为春秋五霸之一。

就像前文说的，伟大的人物身边都有小人。齐桓公成为拥有巨大利益的人之后，也招来小人寄生，结果最后栽在了小人手里。当时的小人有两个：一个是竖刁，一个是易牙。

竖刁本来只是一个小小的税务官，因为贪污赋税被鲍叔牙发现。但是竖刁很有心计，早早就到齐桓公面前辩解自己不是贪污，且对齐桓公很忠心，还提出愿意自宫做宦官，终身服侍齐桓公。结果，竖刁不但没受到惩罚，而且官加一级。

因为有一次听到齐桓公感叹，说天下的肉都吃过了，却没有尝过人肉为何味，易牙就回家把自己三岁的儿子给杀了，做成一道人肉蒸菜，让齐桓公尝了人肉的滋味。后来，齐桓公知道了自己吃的是易牙儿子的肉，极为感动，于是认为易牙是个忠臣。

鲍叔牙告诉齐桓公，竖刁、易牙是小人，应该疏远，可是齐桓公没把鲍叔牙的话当一回事。最后，一代霸主齐桓公被这两个奸恶小人软禁起来了，不给饭吃，他们要挟齐桓公更换接班人。这时，齐桓公醒悟了，终于认识到小人害人了，但为时已晚，结果他饿死了几十天，都没人发觉。

识别小人的四个标志

齐桓公，一代霸主竟然不会识别小人。其实，识别小人可以根据这样四个标志：第一，见利忘义，小人往往见了利益什么都不顾，连吃相都顾不上了；第二，阳奉阴违，小人在你面前说一套，背后又说一套，两张脸；第三，无事生非，小人所在的地方总是会搬弄出一些事情来，无端生事；第四，拉帮结伙，小人会拉一些人去对付另一些人。

作为企业家，我们不但要懂得识别小人，关键要明白怎么对付小人。对付小人有四个不同层次的对策。下策是：怒而不能除之，中策是：怒而除之，上策是：不动声色妙除之，上上策是：将心比心善用之。

这四个不同的层次会收到不同的效果。

第一个层次：下策，怒而不能除之。在公司里某个人是小人，所有员工和老板都知道那个人是小人，但是，因为有一些利益或有一些感情纠葛，不能除掉他。这就是怒而不能除之，结果只能是把自己气得够呛，这是下策。

第二个层次：中策，怒而除之。发现了谁是小人，就表示绝对要除掉他，不惜一切代价，这样做的结果往往是小人很难除掉。当你要除掉他的时候，他就开始整你了。很多企业家翻船都是这样，本想除掉小人，结果小人反过来除掉了他。小人带来的后患无穷，君子惹得起，小人惹不起。

第三个层次：上策，不动声色妙除之。会“请神”更要会“送神”，能用者善用之，不能用者善去之。发现小人，不动声色。有一个企业家的方法很值得推荐，他一般是这么对付小人的。给小人一个不可能完成的任务，他完不成，自己就会走了。如果他完成了，就立了大功，给他约定的奖励，能够完成任务证明他是个人才，应该善用之。但往往是完不成的时候居多。最后，小人会觉得这活儿不好干，也完不成任务，自己就走了。

第四个层次：上上策，将心比心，善用小人。发现小人，用好的制度与好的态度来对待，像用君子一样用小人。把小人用成君子，而君子不被用成小人是最好的方法。

其实，“小人”是一个很复杂的词，你我身上都有小人的特质。有的时候伟人身上也有小人的一面。举个最简单的例子，伟人本来行事光明磊落，不屑于使用鸡鸣狗盗的手法，但是，如果有一天实在把他惹火了，他也会拍着桌子说：“你不仁，休怪我不义！”所谓的不义，也就是用小人的手段来对付小人。以小人的手段来治小人，那伟人不就也成了小人吗？

我们很多人身上也有小人的一面，遇到某些事的时候也会用小人的方法来解决。问题是，一般我们是用小人的方法对待小人，用君子的方法对待君子。那么，你眼中的小人有没有君子的一面呢？肯定是有的。小人有的时候也会有君子之风。

人有两面性，既有魔鬼的一面，也有天使的一面。关键在于你要激活的是他善的一面。如果你做了不善的事，激活的是他恶的一面，他就会觉得，老板你有小人之心，就莫怪我用小人的手段了。这也给他使用小人的手段找到理由。

如果做不了小人也做不了君子该怎么办？其实，世界上的纯君子不多，纯小人也不多。把人单纯地分成小人和君子是幼儿园时期的分法，幼儿园的小朋友听故事的时候要分善恶，分辨谁是好人、谁是坏蛋。

实际上，我们每个人都是小人与君子的混合体。做不了君子，又不想做小人，还有第三个选择就是做大人。什么是大人？《易经》里说："夫大人者，与天地合其德，与日月合其明，与四时合其序，与鬼神合其吉凶。"意思是说，大人是合乎天地的意志，有日月的光彩，符合四季的秩序，也顺应神鬼的吉凶的人。

大人是很通达的人，未必有君子之风，但是胸怀宽广，能够将待人处世的尺度拿捏得非常好。所以，我认为企业家如果做不了小人，又做不了君子的话，至少要成为大人。

> 对待小人要用君子的态度，还要用大人的尺度，大人有大量，不要跟小人太计较。

所以，我们要有一个好方法来对付小人，要有一套对付小人的制度，让小人没办法跳过、没办法抗拒。对待小人要用君子的态度，还要用大人的尺度，大人有大量，不要跟小人太计较。

综上所述，对待小人，要牢记三度：小人的制度、君子的态度、大人的尺度。

高人眼里无小人

其实，在大师眼里无所谓小人和君子，关键看用这些人来干什么。想要成就一件事往往需要高人指点、贵人相助、小人监督。有时候把小人用好了，也会收到意想不到的效果。

在用人高手的眼里，对人的分别不是简单的非黑即白，还会有一个灰色的过渡。人有各种各样的色彩，都会有过渡色。如果你能量高，可以把小人变成君子；如果你能量不够高，很可能会把君子变成小人。

> 如果你身边常出现小人，就得反省自己，问题一定出在你自己身上。

企业家必须明白，如果你身边常出现小人，就得反省自己，问题一定出在你自己身上。为什么你的身边小人层出不穷？如果你身边常出现君子，那德行在你身上，能量也在你身上。

所以，用好能人，改造小人，都需要我们先改变自己。有人说，人活着就是为了改变世界的，很多企业家都提出改变战略、企业转型、改变团队、销售转型……其实，这些都不重要，最重要的是改变自己。

第五章

优势互补：组织的能量

事业兴旺，需要“黄金搭档”

我们经常研究，组织和个人有什么关系，如果说个人是一张牌，组织就是一副牌。为什么很多拥有人才的企业不仅没能产生绩效，人才之间还会产生内讧？就是因为牌和牌之间的组合不当。有人抓了一手好牌，打着打着，却打输了，就是因为他缺少组织的能量。那么，要想增大组织的能量，放大个人的能量，应该怎么办呢？要想让组织事业兴旺，需要“黄金搭档”。

目前有很多性格解析方面的学说，比方说比较典型的九型人格、四种特质说等。这些学说对于了解一般的人性是非常有用的，但是在实际生活中我们会发现，一个人到了组织中，人性会发生变异。原来很强势的人碰到一个比他更强势的组织，他会变得很弱势；原来是弱势的人，由于现在的地位不同了，当了老板，可能会变得很强势。所以，用一般的性格来分析组织行为学状态下的人格往往不管用。那么，组织状态下的人有什么特征呢？

企业家的性格密码

企业家一般有八种性格：完美型、和谐型、成就型、稳定型、创意型、思辨型、掌控型和感召型。

完美型的人，做事比较追求完美。和谐型的人，可能不是那么追求完美，觉得差不多就行了。成就型的人，做事情不管最后结果怎么样，一定要把自己的才能和亮点展现出来。稳定型的人，做事一以贯之，凡事都会进行到底。创意型的人，也可以说是善变型，善于变化，做事不会一以贯之，不会在一条路上走到黑。思辨型的人，做事先要考虑道理在哪儿、逻辑在哪儿。掌控型的人，不管什么道理，不管什么逻辑，凡事都要他说了算。感召型的人，遇到事情他无须说了算，但他会把影响力施加于别人的思想，他会感召别人，让别人跟着他走。

企业家里有很多典型的代表，比如柳传志和任正非这两个人，柳传志是典型的感召型，具体来说是感召加掌控；而任正非是典型的掌控型，具体来说是掌控加感召，这两种性格是不同的。思辨型的企业家，比如张瑞敏，他必须有一套逻辑，知道该怎么去做。

潘石屹就是善变型企业家，很多互联网领军人物也是这种性格，他们有一种比较特别的随时而变的性格，但是这些人可能也会有缺点，就是会出现守不住的问题。稳定型的企业家做一件事会坚持到底，王石就是这个类型，他喜爱登山，他那种坚持到底的精神在登山运动中最明显。他这种性格的人，凡事坚持自己的主张，按照自己的规则做。创意型的人就不会这样，创意型的人会根据形势变化，遇到什么情况，就采取什么措施。

成就型的人的特征是追求荣誉，要自己有光彩，所以倾家荡产、浪费钱财也要让自己有光彩，也要让自己闪亮。如果自己不闪亮，他就会觉得这辈子白活了。陈光标就是这样个性的企业家，他一定要表现。

和谐型的人的人际关系融洽，比如俞敏洪就是一个和谐型的企业家，他不会和员工发生剧烈的冲突，遇到事情强调要和解。

完美型的企业家，比如宁高宁，他连汇报都要求有固定的格式，比如，第一步、第二步、第三步……第一个问题、第二个问题、第三个问题……

我们会看到，不同性格类型的人在遇到同样一些问题的时候，会有不同的表现。比如，遇见两个人吵架，八种不同性格的人就有八种不同的处理方法：两个人吵着吵着，如果是掌控型的人来了，他会说，你们都给我闭嘴，听我的。如果是感召型的人来了，就不会这样做，他会说，你们得相信我，问题会解决的。如果遇到创意型的人，他会听听这个说的，觉得是对的，听听那个人说的，觉得也是对的。如果是思辨型的人来了，他就会对这两个人为什么吵架，原因是什么，吵架之后又会有什么结果先做一下分析。要是遇到稳定型的人，他很可能会觉得别管他们了，让他们吵去吧，吵吵就过去了。如果遇到成就型的人，他就会把他们劝好了，他是为了表现自己有这个本事。如果是和谐型的人来了，他会说，算了算了，都是哥们儿，何必呢，忍一时风平浪静，退一步海阔天空。如果是完美型的人来了会说，有事说事，骂人就不对了，吵归吵，干吗拍桌子呢——他会注意细节，会发现他们哪个地方不对。

另外，我们还发现，如果一个人没有别的性格支撑，他的性格就是单面的，这样的人非常少，这叫典型性格。大部分人是三种性格的组合，是多变的，在某种情况下呈现一种性格，另一种情况下会呈现另一种性格。

组织性格解析雷达：搭配决定个人命运与组织命运

人们常说，性格决定命运。其实，企业家的性格也决定企业的命运。领导团队的集体性格也决定企业的命运。什么样性格的领导搭配什么样性格的下属，这是一个值得注意的问题。

比如思辨型的领导就特别需要搭配成就型的人，让这些人出去抛头露面，出去帮领导表现，领导就有了一批标杆带着大家走，而且这些人的行动力非常强，是一群热血男儿，能打能冲。如果搭配的是思辨型的人，那么这个团队就没有执行力了。

其实，谁跟谁搭，谁跟谁配，有这样一个规律，在组织性格解析雷达图中（见图 7），从 1 号性格到 8 号性格，两个人性格的号数合起来是 9 的基本上都属于绝配，一般这样的搭配都在组织性格解析雷达图中处于一条对角线上。8 号性格和 1 号性格是绝配，也就是感召型和完美型是绝配；7 号性格和 2 号性格，也就是掌控型和和谐型是绝配；6 号性格和 3 号性格，也就是思辨型和成就型是绝配；5 号性格和 4 号性格，也就是创意型和稳定型是绝配。

图 7　组织性格解析雷达图

其实，历史上这种绝配有很多，比如《三国演义》中就有这样的绝佳搭配，刘备和诸葛亮为什么能够配合得非常和谐？因为他们的性格正好是互补的。诸葛亮是掌控型和完美型，非常追求细致和完美，刘备是和谐型和感召型，因而两个人搭配得非常好。

刘备不管细节，总是说，孔明先生说得对，就这么办吧。刘备这个作风表明他是粗线条的人。一个团队里如果都是粗线条的人就完蛋了，所以一定要配上诸葛亮这样谨慎、小心、细致的人。诸葛亮是典型的丞相，日夜操劳，甚至在处罚士兵时打二十军棍以上都要自己亲自看着，最后操劳过度而死。刘备幸福就幸福在这里。这也说明了他们俩的性格搭配很完美。

如果诸葛亮跟了曹操会怎么样呢？看看司马懿的遭遇就知道了，诸葛亮和曹操并不是绝佳搭配。司马懿和曹操的性格特别相近，都是极度聪明、极端谨慎而且多疑的人，他们两个人搭配起来，那就是个悲剧。司马懿真正成事是在曹操死后，曹操在世的时候，司马懿一直称病不出。如果诸葛亮去了曹操的阵营，曹操会替诸葛亮操心，诸葛亮就会觉得没意思了。谨慎、小心、细致是诸葛亮的特长，主公管得那么细干什么？你管那么细我就不干了。

> 很多人是既当刘备又当诸葛亮，又管大项，又管细节，结果非常累。

企业家是当刘备还是当诸葛亮？大部分人会说，还是当刘备好，前提是必须找到诸葛亮，要不然你也不能成事。找不到诸葛亮，你就得是主公兼丞相，那比诸葛亮还累，得管大项，还得管细节，这就相当于董事长兼总经理。

很多人是董事长也当，总经理也当，就是既当刘备又当诸葛亮，这本身是两个行当。可是因为找不到诸葛亮，他不兼任也没办法。很多企业的董事长的痛苦就在这里，所以一定要找到自己的绝佳搭配。

华谊兄弟传媒的王中军和王中磊也是绝佳搭配。一个负责开疆拓土，一个负责精耕细作。迪士尼兄弟也是这样的，哥哥做内勤，弟弟做开拓和创意，他们也是绝配。所以，如果想让你的企业做得好，一定得找到绝配。

冲突频繁，性格乃根源

性格决定个人的命运，性格也决定企业的命运。一个创意型的企业家的企业总是忽忽悠悠的；一个稳定型的企业家的企业会一以贯之，甚至十年都聚焦在一个项目上，做透做透再做透。

如果你是企业的当家人的话，你个人的性格会影响企业的命运。如果你是高级经理人的话，你的性格会对企业有部分影响。如果企业家跟经理人的性格是绝配，那企业就可以做得顺风顺水。问题是绝配不是那么容易找的，绝佳的搭配挑选起来会比较困难。那应该怎么办呢？

性格互补

如果你是企业家，请先定义自己。你可以看组织性格解析雷达图，先定义自己是哪种性格，然后再看你的绝配是哪种性格。以前招聘的时候，一般都是要求知识和业务能力互补，但是没想到过性格互补，其实没有想到、没有看到的东西更重要。企业内部的矛盾大部分不是知识冲突，而是性格冲突。

有人可能会有疑问，说有一句古话叫“物以类聚，人以群分”。按这样的搭配，相互搭配的人的性格是迥然不同的，岂不更有可能起冲突？其实，自然的状态下是人以群分，就是我喜欢和我一样的人，越像我的人我越喜欢，这在找朋友方面是可以的，大家的性格爱好都一样。你是急脾气，我也是急脾气，你爱打网球，我也爱打网球，你喜欢争论，我也喜欢争论，这就叫志同道合。但是做事业搭档，不是挑你喜欢的人，而是挑适合你的人。你是一个急脾气，最适合你的搭档是一个缓脾气。两个人在一件事上，你急脾气，可能会把事情做得冒头了，搭档会把你拉回来。一强一弱、一刚一柔、一快一慢、一老一少、一男一女，这种搭配才是绝配。

很多优秀的企业，都是男一号、女二号或女一号、男二号这种搭配，这样办事的时候一刚一柔、一急一缓配合比较好。所以，温和的男老板要找一个泼辣的女助手。

当然，前提是要根据你的性格去找，问题是很少有人知道自己真正的性格是什么。往往了解别人比较容易，了解自己比较难。通常情况下，我认为我是这个类型的人，而你认为我是另外一类人。遇到这种情况怎么办？

其实，这也不难。你拿到组织性格解析雷达图之后，先画出自己的性格，然后让你的下属画出你的性格，让你的亲戚朋友画出你的性格。一般来说，你周围的人看你的性格比你自己还准。比如，有一些特别苛刻的人认为自己特别和善；有些人认为自己是和谐型，可别人认为他是掌控型：就以大多数人的观点为准。

这说明你对自己的认识有偏差，因为你给别人的感觉才是你真正在领导中发挥作用的性格，而不是你自己的感觉。你感觉自己很和气，其实你并不和气，别人的感觉才是准确的，因为这是人际关系中你让人感受到的性格。

如何找到“黄金搭档”

在工作中，我们经常遇到这种情况。一个经理人碰上一个老板，经理人很热爱这份工作，但是和老板性格不合。那怎么办？经理人只能改变自己，必须改变自己的性格，比如经理人是掌控型的人，老板也是掌控型的人，那么经理人就必须变成一个和谐型的人。

有的人因此转变了自己的性格，比如杨元庆。杨元庆其实也是一个掌控型的人，刚开始做业务的时候，他非常有冲劲，经常会得罪人。后来，柳传志批评了他，又给他写了一封语重心长的信。他看了信之后，慢慢改变了原来的性格。如果他没有改变性格，也会遇到一些问题。

经理人如果碰到掌控型的老板，就必须得调换自己的位置，不要挑战“一把手”的特长，哪怕在这个特长上你比他还厉害。但在“一把手”面前，你就得退后，不要和“一把手”争光彩，争特长。

我曾经遇见过这样一个副手，他的“一把手”人挺和谐的，其实也没有啥特别的长处，最大的长处就是唱歌唱得好。去 KTV 唱歌的时候，大家都说老总唱得好。但是副手唱得比老总还好，每次都是“一把手”唱一首什么歌，他就唱一首什么歌，把“一把手”比下去。这不是破坏性的特长吗？遇到这种问题，一定要注意。

反过来说，如果你是“一把手”，由于种种原因，比如体制的原因、利益的原因等，你不能不用某个副手，副手又不是你的绝配，这种情况下应该怎么办？有两种方法：一是改变自己，二是改变对方。当然，最重要的还是改变自己。

可以把组织性格解析雷达图拿出来跟副手商量一下，看两个人在这样一个性格基础上怎么去调整自己。我需要调整什么，你需要调整什么，大家都做一些调整。有的时候确实是会有一些冲突，通过改进，也可以成为一个很好的组合。最怕的是两种情况：第一，你不清楚自己的性格；第二，你清楚了自己的性格之后不作为。所以，遇到性格有冲突的搭档未必一定就要除掉他，相互了解之后，改变非常重要。

性格冲突导致组织涣散

如果发现搭档之间性格不合，又不想改变自己的性格，那肯定会出现性格冲突导致的组织涣散。最典型的是华为，任正非应该说是一个相当好的领袖人物，但是领袖也会有缺陷，有什么缺陷？在性格上

如果发现搭档之间性格不合，又不想改变自己的性格，那肯定会出现性格冲突导致的组织涣散。

就可以看出来，他极端注意掌控，是一个过于强势的人，缺少柔软。

华为总是投入巨额费用搞研发。掌舵人任正非也很少在新闻媒体中露面。所以，《中国企业家》杂志社的前任社长刘东华评价说，任正非是他见过的最有定力的企业家。我们分析一下，任正非应该是7、6、4号性格，也就是掌控型、思辨型再加上稳定型。

任正非坚持掌控，就缺了一种和谐。比如新员工来了问他，我们将来怎么发展呢？一般的企业家都会说，好好干，这里是大有作为的广阔天地，你们的前途十分光明。但是任正非不这么说，他会说，自我批判，脱胎换骨，重新做人，踏踏实实做人，不要好高骛远。

甚至连院士这样的高科技人才到了华为也是这样，任正非说："华为没有院士，要想成为院士，就不要来华为。"这话牛吧？当然他也确实有牛的资本，但是"大牛"碰上"小牛"的时候就会顶起来了。

"小牛"是李一男。李一男也够牛，一个小青年一到华为就得到任正非的破格重用，半个月就被提升为主任工程师，半年被提升为中央研究部副总经理，27岁就成为这个世界级企业的副总裁，主管技术。同事对他的评价是，李一男太像任正非了，少年得志，为人张狂。"给面子，留余地"在他的字典里根本不存在，对其他副总也是态度恶劣。他应该是7、6、3号性格，也就是掌控型、思辨型和成就型。正因为他像任正非，所以任正非对他欣赏有加，自然就爱之愈深，责之愈切。家长对孩子也都是这样，说骂就骂，态度很恶劣。"小牛"开始还能接受，等长大了，快长成成年牛的时候就会不服了，就会跟“老牛”顶上了。

2000 年，李一男从华为结算股权，拿着 1000 万走了，自己出去单干，创办了港湾网络公司。因为他懂技术，华为的核心技术他都掌握了，他自己干，不仅在从市场上影响了华为的地位，最重要的是伤了任正非的心。任正非痛心不已，立即成立华三公司，抽调 1000 人追剿港湾网络公司。采取的是非理性的办法，你做什么，我就做什么，不惜成本地做。杀人一千，自损八百，采取这种激烈的对抗方式。在这种情况下，谁能干得下去？没得干，李一男走到哪儿，华为就追剿到哪儿，豁出来不赚钱，也要进行追剿。最后李一男没办法了要卖公司，卖公司都卖不出去，被逼卖给了华为。李一男又回到了华为，又做了副总裁。但是这日子会好过吗？

性格不合，又把他招了回来，肯定还是不行。他是不牛了，但变成“死牛”了。结果不到三年，李一男就跳槽到了百度。2010 年又离开百度加盟中国移动，出任 12580 运营公司 CEO。从中国移动辞职后，又加入金沙江投资，搞投资去了。

一个 7、6、4 性格的人和一个 7、6、3 性格的人搭配，会因为性格冲突，都想要掌控，所以最后小掌控和大掌控就产生了矛盾。那怎么办呢？方法有四：第一认清自己，第二认清别人，第三改变自己，第四改变别人。认清自己是一个领袖高情商的表现，也是能够做好性格搭配的最主要秘诀。

每个人的性格里都有两个面，主面决定了性格，次面可以调整主面。怎么调整？你把原来的主面调整为次面、次面调整为主面就可以了。一般复合型性格的人比较好调整。单一型性格的人，极端分子比较多。

据统计，全球差不多有10亿人存在各种各样或轻或重的心理疾病，而且据我分析，企业家有心理疾病的概率比普通人至少高5倍以上。很多时候，你假定自己性格正常，假定下属性格正常，其实这是一个错误的假设，很可能你和下属的性格都不正常。如果你意识到了自己性格有缺陷，那将是最大的福分。

基业长青和组织传承

接班的难度不亚于创业

有数据显示，在家族企业比较成熟的美国，家族企业的平均寿命只有 24 年。30% 的家族企业可以传到第二代，13% 的家族企业能够传到第三代（见图 8）。在美国创业的成功率是 33%，可见，传承家族企业跟白手起家创业相比较并没有多少优势。因此，70% 以上的家族企业，到了第二代要么改换门庭了，要么干脆消失了。

如果接了一个班把家族企业做好，不亚于创业成功。而且你可能会遇到巨大的社会压力：做得好了，社会也不承认，会说你的企业是祖辈父辈留下的，谁接了班都能做得好，甚至比你做得还好；做得不好了，人们会说你是败家子；做得不好不坏，人们会说你坐吃山空。可以说，接班的心理压力是巨大的。那么，组织传承的过程中，企业家会遇到一些什么问题？就是他认为财富传承和事业继承是一码事。

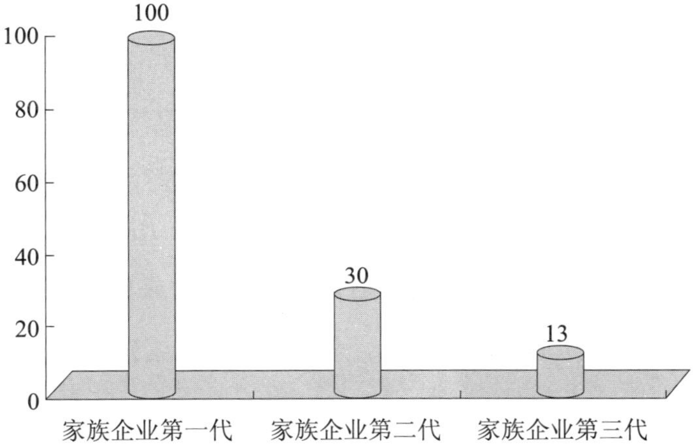

图 8　美国家族企业传承比例

其实，财富的传承和事业的继承完全是两码事，因为两者性质不同。财富传承，传承的是有形资产，是看得到的。事业传承主要传承的是无形资产，是一种精神，是一种能力。有形资产是可以传承的，无形资产准确地说是要传授的。传承有形资产只要在一张纸上写下财产清单就可以完成让渡了。但是无形资产写一张纸给人行吗？不行，那得传授，要经过耳濡目染、心领神会、言传身教，才能做得到。并且有形资产往往是不断贬值的，十年前的一个亿和现在的一个亿是不

财富的传承和事业的继承完全是两码事，因为两者性质不同。财富传承，传承的是有形资产；事业传承，传承的是无形资产。

同的；无形资产是增值的，好的东西往往时间越久越有价值。所以，有形资产和无形资产是两种不同的东西，不能把财产的继承当成事业的继承。

在我国，改革开放已经四十多年，最早富起来的那一批人大多是中年开始起家，现在也已经到了要选接班人的时候。在他们的企业传承的时候，最应该注意的是言传身教。比如让孩子跟在身边，开董事会的时候，让孩子坐在一旁听。但是这种做法的成功概率还是很小，因为这种做法容易形成内部传承，会造成“近亲繁殖”。

富二代不成器怎么办

在我咨询的很多案例里，也有关于富二代的教育的案例。我发现这样一个现象，往往父亲对儿子的要求非常严，让儿子从基层做起，从做小工开始，然后一步一步升上来，一直升到副总级别。但是升到副总之后，下面的人联名写信要求董事长撤掉他，说他不配领导他们。

为什么会出现这样的问题？父亲把什么都教给儿子了，也教育儿子了，问题就在于儿子一直在自己家的企业里，尽管父亲对他要求严，但谁都知道他是“太子”，所以他会遇到环境和人际关系的问题。他做小工的时候，班长让着他，做副部长的时候，部长让着他，时间长了，他就不知道真正的人际关系是什么样的。

如果他在别的企业里，别人不管他是什么“太子”，一个小班长可能就把他治了。他得一步一步自己走过来，得处理好与师父的关系，处理好与班组长的关系，处理好与部长的关系，有时候还有隔层领导之间的关系，这些复杂的关系是最实际的锻炼。很多富二代不能正确地认识自己，以为自己是从基层做起来的就可以了。其实，他们主要要体验的不是辛苦，而是“心苦”。

我咨询过的一家企业里还有这样的富二代，那家企业属于制造业，家产有几十亿，富二代在企业里直接就当了副总。有一次我跟他聊天，我说，你看你们企业里，谁算得上人才？他说，没有一个人才，要说人才的话，就我一个。于是，我就说，如果你认为你是一个人才，我和你赌一把。我给你一个机会，给你半个月的时间，你边工作边找工作。每个月挣了你家 5 万元的人你认为不是人才，你就找一个每月挣 5000 元的工作试试。如果你能找到一个月薪 5000 元的工作，我就认同你是人才。

他本身大学本科毕业，又有技术，可结果他到人才市场去了一个星期都没找着工作。第二个星期，终于找到了一个月薪 4500 元的工作，勉强去了，结果工作三天就让人辞退了。

我问他，你说你是人才，怎么卖不出去呢？人才可不是你自己认为的，人才一定是用社会价格和社会价值来体现的。这话他听进去了，原来他以为自己很聪明，现在他知道了自己并没有那么聪明，很快就沉下心来。

作为创业的一代，最好的接班办法是，不要让孩子一开始就在自己家的企业工作。

我觉得，作为创业的一代，最好的接班办法是，不要让孩子一开始就在自己家的企业工作。李嘉诚就是这么做的，他的两个儿子都自己出去找工作，自己创业。先体验一下创业的艰辛，磨一磨娇气。这就跟小和尚要到庙里担水劈柴一样，主要是为了磨心性，心性没磨好，再聪明也成不了大事。

可以让孩子先到外面找一个相关行业，尤其是和自己家同类的一流企业去工作，最好是去一个比自己家企业更好的企业，到了那里又学艺又磨心性。创一代很多的成功带有偶然因素，而且大多数创一代是英雄，英雄是学不出来的，得学领袖。

有些企业家以为自己的水平很高，让孩子跟自己学。自己带儿子，也许儿子心里早就不服了，认为老爸不行，这一摊要是他干比老爸强得多。退一步讲，如果一定要在自己的企业里工作，就给他一个板块让他单独干，别制约他。

在我的富二代班上，有一个小伙子就是这样。他跟我说，我老爸给我 50 万，我半年就花光了。我以为，我半年就能够把老爸给我的 50 万变成 200 万，结果最后没办法，还得管我老爸要钱花。我就问他，你有没有得出什么结论呢？他说，我认识到老爸确实比我强。能让他得出这样的结论，看来这 50 万的投资值了。

培养富二代的七个要点

第一，要建立非常继任计划。就是在没培养接班人之前，先把非常继任计划建立起来，人都难免有个万一，万一自己病了或自己出事了怎么办？谁做一号领导者，谁做二号领导者，要有个计划。历史上没有出现动荡、能够安全接班的朝代都是因为预先把制度定好了。

没有非常继任计划一定会出问题的，国美就是这样。黄光裕出事之后，国美立刻大乱，最后让陈晓当领导者，之后一系列的制度都没有建立起来，因为没有一个明确的继任计划，企业立刻就乱了，开始内部争斗。

为什么有些企业处理紧急事务的时候能处理得有条不紊？因为他们启动了二号计划。所以一个企业在正常运营的时候不要怕启动二号计划不吉利。越怕不吉利越不吉利，不怕不吉利反而吉利了。这不仅是对你自己负责，也是对企业负责，更是对社会负责。企业乱了对社会也不好。有些人就认为，自己这一任做好就行了，才不管死后洪水滔天。这样的企业家是不负责任的。

第二，建立正常的标准和程序。我们的企业家不是要选择自己的儿子一个人做接班人，一定要有正常的标准和程序，要选一套班子做接班人，给儿子配上四梁八柱。汉景帝就是这样做的，在传位给汉武帝的时候，配上了四梁八柱，其实是一个班子在接班，不是一个儿子在接班。

第三，选择主要的接班人，责任感要重于所有权。很多人认为给了他权力，让他做主人他就有责任感，其实未必如此。那些败家子也都是主人，他们还不如仆人呢。不要以为他有所有权就有责任感，一定要选有责任感的人，才可以赋予他这种权力。所以说，有没有所有权和有没有责任感是两回事。选择主要接班人的时候，责任感要重于所有权。

第四，选领袖不选英雄。第一代做英雄，第二代就不要再选英雄了，因为英雄是偶然现象，大浪淘沙，有多少人能成为英雄？而且英雄的结局大多是悲剧。第二代要选的是领袖。领袖和英雄的不同前面我们已经讲过了。在此，再补充一个不同，如果说英雄是千里马的话，领袖就是种马，种马可以生产更多的千里马，所以种马比千里马更重要。其实，应该是选偏将的时候选千里马，选统帅的时候选种马。

第五，修剪才有丰盛的果实。一个接班人或一组接班人，就像一棵小葡萄苗，如果你不加修剪，让它自然生长，一定长不好。花开得很多，葡萄却很小，粒很多，又不甜。修剪了以后，必要的枝条结必要的果实。如果接班人有一些毛病，越早修剪越好。如果老子不加修剪，社会将会对他严加修理，那还不如自己来修剪。

企业的传承不单是传承一帮人，还要传承一套文化和制度。

第六，传承一套文化和制度。企业的传承不单是传承一帮人，还要传承一套文化和制度。有一些企业家不爱写东西，其实，不爱写东西的企业家是有缺陷的企业家。家财万贯不如家书一本，很多优秀的企业家有东西传承下来。不妨学学傅雷，一本《傅雷家书》对很多人产生了很大的影响。写一些东西，然后传承下来，可能会比财产更重要。

第七，扶上马还要送一程。有很多人交接班的时候是这样的，老子始终不放权，认为儿子不行。直到有一天老鹰撒手西去的时候，权才落到小鹰手里。老鹰不让位，弄得小鹰嗷嗷叫，没必要这样。在这方面，可以学一学茅理翔，早一点退出来，做一点晚年觉得自得其乐的事。把大事早一点给接班人，趁自己身体还健康，能帮他的时候，把他扶上马，然后送一程。这中间要是“马”出了问题，老子还可以重新来调教，这种方式才是最好的。

柳传志这一点就做得非常好。2004年，他就把联想的重担交给了当时40岁的少帅杨元庆，扶上了马。到了2008年，经济危机来了，企业大幅度亏损，这时，少帅有点驾驭不了了。柳传志又出来了，担任董事局主席，杨元庆改做CEO。

柳传志担任董事局主席来协调各方面的关系，因为这正是杨元庆的弱点，尤其是董事会的关系处理。重新坐镇之后，柳传志保证各方面关系顺畅，战略能够一以贯之，贯彻到底。到2011年11月，联想发布亮丽业绩，柳传志交出了一份完美的答卷，同时宣布卸任董事局主席，由47岁的CEO杨元庆兼任董事局主席。

七年栽培，扶上马还送一程，有这样的领导多么幸福啊。而且这次交接班，柳传志给自己打了98.95分，却给杨元庆打了99.99分。高手不是自己高，而是培养比自己更高的人。培养比自己更高的人就会成为“大手”，这就是大腕。

麻将里的哲学：集大成者成大业

刚柔相济，得心应手的“柳杨配”

联想集团的柳传志决策有三个原则：一是同事提出的想法，他自己想不清楚时，就按照同事的想法做；二是当他和同事都有看法，分不清谁对谁错时，按同事说的做，但是以后会找后账；三是当他把事想清楚了，一定要坚决地按照他想的做。

柳传志一手提拔起来的杨元庆，外表文静，内心有着和柳传志一样的执着与刚强。开始的时候他不懂得妥协，被柳传志当众臭骂。杨元庆很快就明白了柳传志对自己的期望，逐渐学会了妥协。

对于少帅杨元庆，柳传志从不吝惜溢美之词，他曾有过这样一句话：“我们回过头看，原来我们越过的只是丘陵，在我们前面的才是山峰，元庆一定能够越过这座山峰。元庆不是一匹小马驹，而是一匹非常执拗的马，我们的碰撞也是火星四溅的。在这二十几年里，更多的是在浴血奋战的过程中，两个人的感情逐渐加深，到最后互为生命的一部分。”

缺什么人补什么人，把需要的牌抓进来

1989 年，也就是联想创办的第五个年头，为了方便贸易，联想进驻深圳。深圳联想刚成立时任总经理的是朱立南。因为朱立南跟柳传志有着共同爱好，两人走得非常近。到了 1993 年，深圳联想已经拥有一千多名员工，小有名气，总经理朱立南到处谈生意，可谓风光无限。

当时的深圳是一块创业的热土。受深圳创业氛围影响，1993 年，朱立南离开联想自行创业。一介个体户，一干就是四年，四年的时间里，朱立南跟联想没有任何关联。直到 1997 年的一天，朱立南突然接到柳传志的电话，柳传志说：“个体户挣点钱可以，可是舞台太小，长此以往意义不大，回联想吧。”接下来，柳传志出差时还专门找朱立南谈话，聊了一整天，让他回联想，却没说明朱立南回联想以后干什么，担任什么职位。

朱立南回到联想之后，做过集团业务发展部总经理，做过企划办常务副主任，做过助理总裁、副总裁等职位。柳传志为何要召回朱立南？在联想分拆的时候，分成一个联想集团、一个神舟数码，分别由杨元庆和郭为执掌。柳传志没有派朱立南去联想集团，也没有派他到神州数码，而是说再给他舞台。原来，把朱立南召回联想，柳传志是

自有用途。2001 年，联想投资有限公司成立，朱立南任总裁。柳传志评价朱立南是“思维缜密，遇事冷静”，适合做风险投资业务的领军人物，而朱立南解释说，他所从事的工作规定了性格必须冷静。从整合人到整合板块，朱立南正是柳传志需要的那张牌。

把不适合的牌打出去

在驭人方面，柳传志可谓是一个高手，但是，高手玩牌也有过惨痛的教训。把不适合的牌抓在手里就会感到棘手，把缺少的牌拿过来，那不适合的牌怎么办？当然是打出去。

在联想发展过程中，柳传志曾将一批二十多岁的年轻人提拔到重要的管理岗位，接受锻炼和考验，孙宏斌就是其中一位。1988 年，孙宏斌清华大学硕士毕业就进入联想，工作很努力，做得也很出色，很快得到柳传志的信任。两年后，被破格提拔为联想企业发展部主管，分管联想北京以外地区的所有业务。

在这个过程中，孙宏斌拥有了自己的威信，而联想的元老们发现他们的权威逐渐丧失，孙宏斌太独立了，他们控制不了。于是，一封“孙宏斌权力太大，结党营私，分裂联想，联想要失控”的告急信，传到了当时在外地办事的柳传志手里。

柳传志紧急回到北京，进行了仔细的调查，还真的发现了孙宏斌的一些问题。怎么处理？先来个缓兵之计。1990 年，柳传志在西山宾馆召开联想高层会议，指出孙宏斌的管理问题。会议之后，柳传志召集孙宏斌领导的企业发展部员工开会，结果不欢而散。柳传志感到失望，让孙宏斌在他和那几个“青瓜蛋子”之间做出选择。

结果，孙宏斌说：“我选择‘青瓜蛋子’。”柳传志对孙宏斌说：“我们都是能力强的人，我领导不了你。咱们好合好散，联想的分公司你随便挑一个，自己去干。”但孙宏斌说得很绝：“不必了，柳总，我还年轻，我可以从头再干。”这深深地刺痛了柳传志。不合适的牌，那就打出去吧。结果自然是这个缺乏经验的年轻人一败涂地。

其实，用我们之前说的组织性格来分析，柳传志是 8、7、4 型性格，也就是感召型、掌控型和稳定型，孙宏斌是 7、5、6 型性格，也就是掌控型、创意型和思辨型，杨元庆是 4、8、1 型性格，也就是稳定型、感召型和完美型。这样看来，杨元庆的适应性极强，能做“一把手”，更会做“二把手”。

麻将里的管理哲学

集大成者成大业，这就好比打麻将。外国人喜欢打桥牌，中国人喜欢打麻将。不管是桥牌，还是麻将，博弈之道大抵相同，都是一种资源整合的游戏。有些人拿了一手好牌，却打得一塌糊涂；有些人拿了一手烂牌，没想到最后还成了个大和。

企业经营也是一样，有些老板有着不错的资源，在别人看来，想输都不行，结果最后搞得一团糟。也有些人要钱没钱，要人没人，结果搞得风生水起，干成了一番大事业。

娱乐里有门道，细细体会，麻将里面还真的有不少的管理哲理。

缺少的才是最好的。先从抓牌说起，136 张麻将牌，每人手里 13 张，数量均等，排列组合不同。抓到一手好牌，缺一张，也和不了。打麻将的人都知道这个常识，一定要抓到第 14 张才行。

管理又何尝不是这样？企业有了资金，有了技术，但是缺少人才，最后也成不了事。很多时候，企业家整合了许多现有资源，偏偏少了稀缺的资源，结果不管怎么努力，事业还是做不起来。这时，就像打麻将一样，十张没用的牌也抵不上一张有用的牌。

别人的废牌也许就是你的好牌。有用的牌从哪里来？可以从社会中来，也可以从竞争对手那里来。很多时候，都是别人不要的废牌让你和了。

春秋时期，虞国被晋国灭掉后，百里奚跟他的主公都被晋国俘虏，成了奴隶。这时，秦穆公向晋献公求亲，晋献公就把女儿嫁给他，同时把百里奚作为陪嫁的奴仆送往秦国。百里奚不甘心，在半路上寻机逃跑，却被楚人捉去，成了楚国的奴隶。后来，秦穆公用五张羊皮把他作为逃奴赎回，封为大夫。百里奚在晋国只是一个奴隶，是一张废牌，可是在秦国就成了上大夫，就是一张好牌。

克制欲望，才能成就希望。有了好牌，可以和了。这时，还要清楚一点，想大和就要克制小和的欲望。做大生意的人都知道，先赢是小赢，后赢是大赢。小和十把不如大和一把。当然了，不能和的时候，也千万别“点炮”。

另外，看到别人和，千万别动怒。别人气，你不气，心平气和是牌技。打麻将，低层次用的是脑，高层次用的是心。输了一局也没啥大不了，可以心平气和，维持局面，等待机会。千万不要认为自己永远不会赢。要知道，手气好的人也不可能次次坐庄。风水轮流转，庄家轮流坐。

想做长远，别出老千。打麻将出老千，玩一把两把也许没事，玩的时间长了，就算你是“千王之王”，最后也还是要败亡。做企业也是如此，比如三鹿，如果最初发现问题的时候，他们能够痛改前非，也就没事了，但是一而再再而三地出问题，那就说不过去了。

不出老千，也千万别和老千玩，和老千玩一次就可能会坑你个倾家荡产。企业界也不乏此类的例子。山西运城鑫龙集团就是这样，他们被人算计了，结果掉进了人情与债务的双重圈套，弄得老板跳了楼。

打麻将的时候，很多人抓不到好牌，就说自己是臭手。其实，真正的臭手不是抓不到好牌，而是抓到一手好牌，却把它打臭了。做企业也是这个道理，不是说没有人才、资源、资金，就成不了大事，而是说，你有了人才、资源、资金，可能还会坏了大事。

就好比说你要做一个项目，有了资金，有了员工，也有了资源，结果却搞得股东不快、客户不爽、被政府处罚。所以，拿了一手好牌时，不能扬扬得意，忘乎所以；牌不如意时，也不要自暴自弃，意气用事。做企业跟玩麻将一样，拿了一副好牌打好了，那很正常，拿了一副坏牌打好了，那才叫非常。

从这个意义上讲，麻将桌也是市场，打牌即经营。企业家的博弈功夫用在麻将桌上，赚多赚少，都算练手，练到的博弈功夫用在企业经营上可就赚大了。心肠要热，头脑要冷，气息要平，眼光要远，做到了这四条，在方城之内，赢的概率可以提升二成；在方城之外，赢的概率至少会提高四成。因为商场上的臭手比麻将桌上多一倍以上。

第六章

令行禁止：制度的能量

玩家千方百计，庄家一定之规

拉斯维加斯是闻名世界的超级赌城。平均每年接待世界各地来赌博的玩家达 2000 万人次以上。玩家总是十赌九输，玩家输了的时候总是会想这样一个问题：庄家会不会作弊？就像香港赌博电影里那样“出老千”呢？实话实说，庄家根本就没有必要去作弊。

本来，从一般的博弈角度来看，赌博的胜率是 1∶1。但是由于是庄家设定的游戏规则，庄家会设定一些有利于自己的特殊规则，这些特殊规则就成为庄家必赢的铁律。比如庄家赢了抽头百分比，还有“围骰”，就是当三个骰子的点数是一样的时候（比如 3 个 1、3 个 2……3 个 6），不管玩家押大押小，都算赌场赢。庄家的胜率也就从 50% 提升到了 51% ~ 52%。

不要小看这 1%、2% 的微小差异，赌场的巨额赢利就是靠着游戏规则中每玩一次偏向于赌场的微小优势积累起来的，成千上万的人每天都在这里变成了浮云，浮云带来的雨滴就变成了巨大的数目。且不说拉斯维加斯，就是澳门，博彩业也长期在澳门经济中占绝对主导地位。

玩家手里最开始有 5000 元，每次下注用 100 元，玩 50 次之后，平均可能就剩下 4800 元；再继续玩几十次，4800 元又会变成 4600 元，如果有足够长的时间，最后的结局就会归为 0。赌场的本质是玩家用个人聪明与庄家的必赢规则之间做博弈，不输已经算是运气了。

说回到商场上。在世界经济格局中也是如此，谁制定规则，谁就掌握了赢的铁律。所以发达国家总是要成为规则的制定者，因而有关制度的研究就有了极为重大的意义。2009 年，美国经济学家奥斯特罗姆和威廉森获得了诺贝尔经济学奖。这两个人都是研究制度经济学的，为什么诺贝尔奖会颁给了研究制度经济学的人呢？

诺贝尔奖颁给制度经济学的原因

大家觉得奇怪，诺贝尔经济学奖的两位得主都是跟制度经济学有关系。奇怪的事总有不为人知的道理，同一年奥巴马也获得了诺贝尔和平奖。人们更纳闷：他才当了二百多天的总统就获此殊荣，没做什么事啊？正因为他什么事也没做，才应该得诺贝尔和平奖。

和平与战争从来就不是学问，所以谁也说不清楚。但经济学可是研究资源有效配置的大学问，传统研究发现了多种配置方式，但没有确定哪种方式最有效。制度经济学的贡献就在于发现了最有效的一种资源配置方式。这种资源配置方式提纲挈领，可以用十个字来概括：

问题在经济，根本在制度。

诺贝尔奖为啥会给研究制度经济学的人？原因就在于，通过2008年的经济危机，大家越来越认识到，经济危机与其说是人的贪婪问题，不如说是制度问题。因为贪婪自古就有，近年经济危机却频频发生，而且间隔越来越短，两年一个危机，三年一个危机，可见是制度出了问题。

反过来说，如果要从根本上解决经济危机，必须让制度先做变化。制度经济学就是研究制度变化的。这个课题研究得好、研究得对，对人类和社会发展都具有重大作用。现在，制度已经越来越受到大家的重视。所以，诺贝尔经济学奖颁给了研究制度经济学的人，就是明明白白地告诉世人：解决这场经济危机，首先必须解决制度问题，否则如同治病不去根。

经济的根本问题是制度问题，那么管理的根本问题是不是制度问题？制度经济学家没说，管理学家没说，我要明白无误地说一句：企业管理，制度为王。有人可能要说了，为什么不是企业家为王？

实话实说，没有制度的企业，老板就是制度；有制度的企业，制度才是老板。那先有鸡还是先有蛋？具体就一个企业来说，当然是先有老板，后有制度。老板决定制度生不生，制度决定老板死不死。也可以推论出，老板决定企业生不生，制度决定企业死不死。

> 老板决定制度生不生，制度决定老板死不死。

有人可能会说，企业应该以业绩为目标。业绩做得好，制度有那么重要吗？其实，业绩做得好很重要，如果业绩做得不好，后面都没得谈了，还建立什么制度？但是，怎么能够让业绩今天做得好，明天做得好，后天还做得好呢？那就要看制度了。

所以在人类历史上，凡是和制度有关的人的历史评价都非常高，和业绩有关的人的评价相对就要低一些。因为制度对人类的发展、对社会的发展有长期的作用，业绩只具有即时的作用。可以说，业绩关乎当代，制度关乎千秋万代。

比如，在美国历届总统里，对美国的贡献最大的是谁？你首先想到的会是华盛顿、林肯、罗斯福。其实，如果单纯讲业绩，罗斯福的贡献最大；如果单纯讲贡献，华盛顿、林肯又要胜过罗斯福。

为什么罗斯福的业绩那么突出，名气却不如华盛顿和林肯？因为华盛顿不仅开创了美国，更奠定了美国的联邦制度，这一制度一直延续至今。林肯虽然没有建立联邦制度，却废除了奴隶制度，保证了美国制度的健康运行。

业绩好的人，你可能会慢慢忘了，但是你一定会记住建立制度的人。比如秦始皇建立了一些制度，直到现在我们还记得他。

企业家也是这样的，真正能够千秋万代、被后人敬仰的，一定是因为他建立了一套体系、一套制度，而不是他当年曾经是首富。首富是单纯业绩做得好的人，有制度的领袖才会长存。创造了业绩的人远没有创造了制度的人重要，只有制度之树常青，才有业绩之果，吃果不忘栽树人。业绩决定了强盛，制度决定了长盛。

刺猬与狐狸

现在很多人都说要创新，创新就要打破一定之规，那么，创新和制度是不是形成了一对矛盾？创新和制度表面上看起来是一对矛盾，其实创新有很多种，包括产品创新、营销创新、市场创新、技术创新、组织创新，最高的创新是制度创新。围绕制度的创新是最根本的创新，所以进一步说明了创新和制度不是矛盾关系。

我们还看到有一些人确实是在其他方面有创新的。比如，英国有一个思想家柏林，他写过一本书《刺猬与狐狸》。书中讲了世界上的生存有两种状态，优秀的人分布在这两种状态中，有一种人特别灵，会千方百计解决问题，新出来一个问题他就想出一个办法来解决，这种人属于狐狸型，靠的是聪明。还有一种人，看起来笨笨的，怎么看都看不出什么特点来，但是这些人坚持用一定之规来解决问题，这种人属于刺猬型。

有些企业家也是这样的，比如李嘉诚的奥妙就是给孩子的十条忠告。他就是靠一定之规。这些年来，他也没有太多变化，他会以不变应万变。怎样才可以以不变应万变？唯有制度框架稳固才行。这就叫偶胜千方百计，必胜一定之规。

有人会问，制度化和人性化是什么关系？如果我们追求制度化，是不是就放弃了人性化，追求人性化是不是就放弃了制度化？其实不然。这是低水平的人，也就是“低手”的认识，把制度化和人性化结合起来，又有制度化又有人性化的人是“中手”。

一个企业家应该成为高手。高手会认为，制度化和人性化根本就是同一个东西，不是结合体，用《易经》里的哲学观点来说，叫作“阴在阳之内，不在阳之对”。也就是说阴本来在阳之中，不是在阳的对立面上。好的制度一定是在特别研究了人性之后，才制定出来的。

保甲长制度

我国两千多年前曾经实行过一种保甲长制度，采取连坐连保措施，这个制度就是利用了人性的弱点。人性的弱点就是回避痛苦，回避灾难，趋向幸福，趋向平安。我们都知道，趋利避害是人的本性，看到有人闹事，有人造反，就会躲得远远的。因为不能参与也不能去告发，告发又会得罪人家，甚至会惹来杀身之祸，所以别人造反是别人的事，远远躲开就好了。

有人造反，你不去告发，作为一个常人，的确可以这样做。那作为统治者呢，就很难防范这种事了。所以，统治者就设立了保甲长制度，十户为一甲，十甲为一保，如果有人造反，就连坐连保。一人造反，全家被杀，一家造反，全甲被罚，一甲造反，连累到全保。

想要自保就要告发，因为别人一旦造反被官府发现了的话，你也会受到连累，为了自己的利益也要遵守制度。这个制度在中国古代一直很有效，除非人们是因为极大的冤屈才会造反，否则，造反经常在最初就被破坏了。

一般情况下，都是生存环境恶化到不能再恶化的时候，人们实在生存不下去了，才会全甲、全保造反。所以，制度化和人性化是不是一样？其实，好的制度是按人性去设计的，应该给制度装上人性的发动机。

年假储蓄账户：迟到考核到人，不如考核到组

我们在很多的企业做过一个实验，比如，规定一个人迟到要罚款50元，迟到的人上交了罚款之后，第二天又迟到了，第三天还迟到……每次迟到，都罚50元，基本上就是这样，迟到的现状并没有得到根本的改变。

我们后来改了这个制度。员工所在的组是十个人，企业给每个人十天年假。那么，一个人迟到一次，就要扣掉全组每人一天年假，直到十天年假全部扣掉。一年之内，没有人再迟到了。

在这种制度下，有人第一次迟到，害得全组人的年假都取消一天，可能会觉得没关系。第二次迟到又取消一天年假，这个人就会觉得不好意思了，跟同事们说，对不起，我连累大家少了两天年假，今晚我请客。到了第三次迟到，这个人还好意思开口吗？肯定不好意思了。

这个时候，迟到已经不是他个人的事，成了他对不起同事们的事了。现在有很多年轻人宁可对不起组织也不能对不起弟兄——对不起组织是制度问题，对不起弟兄是人情问题，是人性问题。所以，为了不连累大家，他们会每天提前半个小时出门，记着不能迟到，因为迟到会连累同事们。

企业家为什么不多设一点像储蓄账户一样的东西呢？为什么一定就考核到人？为什么不考核到组？你可能会说，考核到人更准确。确实是考核得更准确了，但不会起到连带作用，这种考核就是精而不确。如果犯了错误会有连带作用，有了成绩也会有连带作用，那效果就会明显了。

比如，员工有了成绩以后被评为先进工作者，他师父要享受一半的奖励，因为他的成绩和师父有关系。他如果有错误，他师父也要被罚一半，以后他为了不连累师父也会好好干。

华尔街类型的企业

谈到“庄家有一定之规”的时候，我们还要看到，中国的企业大部分属于华尔街类型的企业。特别是高成长型的企业，基本上都是华尔街类型。

澳大利亚有个学者叫盖尔·阿芙利，他曾经写了一本很著名的书叫《莱茵模式》。在书中他分析道，世界上的公司有两种典型的成长模式：一种叫华尔街模式，一种叫莱茵河模式。华尔街模式就是超速发展的企业，发展得越快越好。比如苹果公司就是典型的华尔街模式，不断创造奇迹。一般来说，这种公司都是“各领风骚三五年”，可能很快就消失了。

> 中国的企业头 30 年要以华尔街模式为主，后 30 年要走的是莱茵河模式。

盖尔·阿芙利说，还有一种莱茵河模式，以德国企业为代表，欧洲企业大部分都是这种模式，发展速度没有那么快，一般匀速发展或中低速发展，发展得很安全。比如宝马，历经了百年传承，许多欧洲企业都是这样。

中国的企业，我觉得应该做一个战略性选择，头 30 年可以以华尔街模式为主，因为我们与发达国家的差距太大了，必须提速、提速再提速。提速到一定程度之后，就要小心出问题，得把速度降下来，提高质量。后 30 年，要走的是莱茵河模式，不断地传承，争取也做到传承百年。所以，我建议企业家多研究一下德国的企业、英国的企业，看看欧洲的企业是怎么做到传承百年的，这是一个很好的课题。通过研究这些企业，你可以在市场博弈格局中找到常赢和必赢的规律。

企业的一法两制三规范

《庄子》中有一段论剑的理论，庄子认为，剑有三类：有天子剑，有诸侯剑，有庶人剑。其中，天子之剑“制以五行，论以刑德，开以阴阳，持以春夏，行以秋冬”。

放到企业里，制度就是天子剑，人才就是诸侯剑，手艺就是庶人剑。要想令行禁止，必须挥天子之剑，也就是要发挥制度的能量。制度说到底就是企业的游戏规则，是调节组织中各种关系的行为规范。

制度为什么不管用

有的公司定了很多制度，有考勤、奖励等，但有些制度根本就是放到书上、堆在档案室或挂在墙上，没有去执行，这是怎么回事？其实，如果说制度放在墙上是因为没执行，这是一个浅层次的认识。深层次的认识是因为这些制度不可执行。

为什么有制度他们没有执行呢？是因为有些制度不可执行。有管理制度，没有相应的约束相关人员的制度，没有惩罚制度，没有人为他们的行为负责。制度没有连带关系，制度没有形成体系的时候并不好用。

很多企业的制度是制度和制度不配套，制度和人不配套，制度和现实不配套。企业制度需要完善三层六元体系。

很多企业的制度是制度和制度不配套，制度和人不配套，制度和现实不配套。

企业宪章是企业每一项制度的核心

一个国家的根本制度是什么？是宪法。一个企业也必须有这样的根本制度，也就是企业宪章。宪章是管理制度的制度。宪章作为最基础的东西，要声明企业的愿景、使命、文化和传承，让其他制度有根基。

因为宪章是作为企业所有游戏规则的基本制度，对企业运作的理念和基本原则做出详细的规定，所以当一个企业缺少宪章的时候，任何一项制度，包括财务制度都是盲目的，人力资源制度也是盲目的。

比如，一个奢侈品公司制定企业制度的时候鼓励员工进行奢侈消费，财务制度就会根据这个前提来制定。所以公司会有这样的规定：客户经理以上级别的员工出差必须住五星级以上的宾馆。

因为财务制度是根据企业宪章制定的，而公司宪章里明确讲道：我们是一家奢侈品公司，员工处处要体现豪华、奢侈的形象，我们的员工就是我们的奢侈品代言人。所以，企业鼓励高管住五星级宾馆、坐头等舱，这完全没有问题，这和企业的宪章是一致的。

比如一家著名的连锁超市规定要为客户节省每一分钱，天天平价。所以，他们的财务制度就规定，员工出差住宿超过三星级以上宾馆的不予报销，出差时只坐经济舱。因为他们是一个日用品连锁超市，是一个低成本公司。

有的企业鼓励“空降兵”，有的企业鼓励自己培养人才，这都要根据企业宪章来做。如果没有这样的规定，人力资源制度就不知道怎么去制定，如企业宪章规定不培养人才的人不予提拔。有了一个原则性的规定之后，人力资源制度就会做出规定，培养一个三星级的人才，培养两个三星级的人才或者培养一个四星级的人才，将会得到什么样的提拔，这就有了基本的依据。企业宪章是企业每一项制度的核心。企业的制度都是根据企业宪章制定的，一个成熟的企业必须有一个基本的蓝本，这就是我所说的“一法”。

企业的两制

所谓企业的两制，一是指时序制度，二是指空序制度。时间顺序的制度就是做事应该先怎么做后怎么做，有一个流程。时序制度是管过程的制度，管各种行为的关系与程序。空序制度就是管组织的制度，涉及机构的责任与权利。组织和组织之间、人和人之间是什么关系，谁是上级，谁是下级，谁是什么权利。

一个企业宪章，加上一个时序制度和一个空序制度，组织的框架、制度的框架就建立起来了。但是，很多企业做了十几年都不知道制度的性质是什么，有很多制度漏洞。自己不设计制度，照抄别人的制度，其实那个制度是管什么的都不知道。

有这样一个故事。一位妈妈做鱼的时候，总是把鱼剁成两截，从来不做整鱼，女儿就问妈妈是为什么。妈妈说不知道是为什么，姥姥教的。妈妈去问姥姥为什么要这么做，姥姥想了想说，以前家里的锅小，放不下一条整鱼，所以做鱼的时候要把鱼剁成两截。

故事里的妈妈就是盲目地继承了制度，不知道制度具体是怎么来的。只知其二，不知其一。只知其然，不知其所以然。大部分企业制度也是这样的，一锅糨糊，别说不好执行，连老板的脑袋里头都是乱的。

企业的三规范

企业的第三层制度包括三规范：线条规范、点位规范和制度规范。线条规范就是管业务的制度，人力、财务、营销都是业务一条线的，这些方面都得管起来。比如，郭台铭如果要讨论一件事情，相关人员必须随传随到，如果找不到人，他就会一直找到为止。曾在鸿海集团待过的人都叫他“夺命连环 Call”。郭台铭为什么会这么辛苦？是因为他的企业的线条规范没做好。企业各种行为的条件和规范没有标准化。

点位规范是管岗位的制度，员工的责任与权利是这个制度其中的一点。

制度规范是管奖励和处罚的，根据制度规范决定是给油门还是踩刹车，这是保证其他制度执行的制度。企业宪章在最前面，其他制度在中间，制度规范在最后。制度规范要保证出了问题给予什么样的处罚，根据什么标准处罚，给予什么样的奖励，给予什么等级的奖励。

很多时候，有些企业比较混乱，因为每个制度里都有奖惩。其实把奖惩单列出来就行了，比如，奖励有十个等级，处罚有十个等级，在具体的制度条文里列明一级处罚是什么样的，二级奖励是什么样的，不用每个制度里都写奖惩。

《庄子》里记载了这样一个故事：有一次，庄子碰到一个剑客。剑客说，你就是一个文弱书生，我一剑就能把你宰了。庄子说，未必，要看你使的是什么剑。如果你的剑只能杀人，那是庶人之剑，即是普通老百姓的剑。如果你的剑能成为诸侯剑，就不是你手中这块破铁了。诸侯剑就是用法度来治理一个国家。那如果成为天子剑，就会是法度加恩德。天子挥剑，可以治国，诸侯挥剑，可以治家，你这破剑能行吗？那剑客听了之后，很羞愧地说，这玩意也就是捅个刀子之类。于是溜掉了。

一个企业家也是这样，到了领袖的阶段要威德并用，一个制度一个思想，有两个标准，如果掌握了这一套，再加上文化，那就会达到阴阳合和的境界。

游戏规则未必越细越好

一个企业里的游戏规则是不是定得越细越好？事实上，板块不一定太细，尤其是当员工还处于比较低的水平的时候，搬来一套西方很细的规范那是不行的。因为西方的员工足够职业，而我们的员工并没有那么职业。如果你还是用西方那一套管理方法，就会出现员工都不达标，不合格。

所以，制度需要从 1.0 版开始做起，不用那么复杂。我看过一个企业的制度有相当厚的一本，看一遍估计要半个月，要真正掌握这些制度，估计得三年。太复杂的制度不利于执行，所以制度还是简单一点为好。变量越多，可控性越差。

制度审计

企业年年都要进行财务审计，但是很少听说企业要进行制度审计。其实，每个企业每年都应该进行一次制度审计。制度审计主要解决三个问题：哪个地方有缺损？哪个地方有冗余？哪个地方有错乱？逐一进行检查。

第一，检查哪个地方有缺损。我们发现，大部分企业都是宪章和制度规范方面的缺损比较多。

第二，再检查细一点，哪些制度是冗余的。把多余的制度清一清。为什么我们要进行机关制度改革？也是因为很多制度是多余的，该清当清，该改则改。要不断进行制度检查，让制度简洁化，让流程更顺畅才行。

第三，检查哪些制度是错乱的。有时候是制度不多不少，但是错位了、混乱了、尺度不准了，这也要检查。

每年进行一次制度审计，不是说要把制度一下子改成世界上最完美的，而是要每年修订一点，每年完善一点。一个制度改动太大，如果员工不适应，遇到的抵触也会很大。制度要渐进式地改动，每年有10% 的改进，那已经是很大的进步了。逐年推进，就会逐渐形成好的制度体系——一法两制三规范。

企业风险雷达和制度防范

当前企业遇到的问题是经常出风险，而且企业很少有风险防范制度时，不防范风险就成了最大的风险。什么叫风险？就是出现让你毫无防范的危险。有防范了，就不是风险了。一个企业一定要有风险员，如果你有这样的意识，就知道应该怎么防范风险了；如果你忽略了风险员，危险就会让你猝不及防。

风险来自哪里

企业的风险主要来自八个方面：竞争对手、客户、员工、自然灾害、媒体舆论、合作伙伴、政府和企业自身（见图 9）。

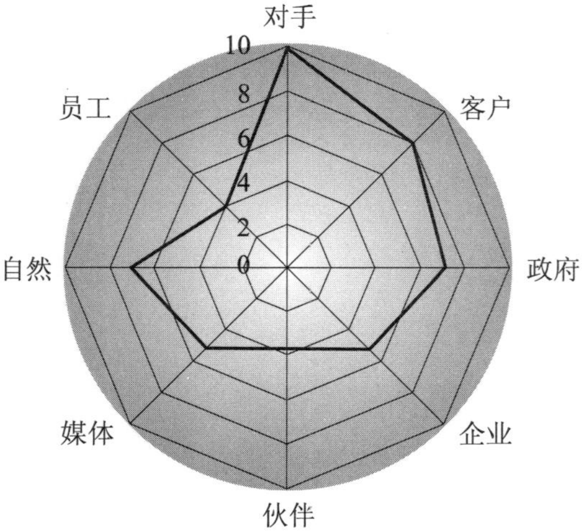

图 9　企业风险的八个方面

第一，风险来自竞争对手的竞争。如果你发现有人在攻击你的企业，而且手法极其专业，那基本上就是竞争对手做的，比如某某家具被曝光不合格，攻击手法都是恰到好处地打在七寸上，那就是来自竞争对手的风险。

我给一家叫玥玛锁业的企业做过咨询。玥玛锁业的品牌是玥玛，原来叫镖臣。这家企业的营销做得特别好，成长很快，基本上就要成为锁具行业里的冠军。因此，很多企业来挖他们的人，来抢他们的市场，来模仿他们的方法，这些都被他们一一化解了，企业继续发展。这家企业有一招营销非常厉害——悬赏 50 万元开锁。

把他们的锁拿出来，如果有人在既定时间内能够用技术开锁的方法打开，而不是把锁砸碎，就会得到 50 万元的奖励。比方说有人能在 5 分钟内打开锁，那就奖励这个人 50 万元，这项活动还请了公证处做公证。

这种营销方法走遍全国各地效果都非常好。结果到某县之后出现了问题。来了一位锁匠，三下五除二就把锁打开了，然后把锁扔到台下去，准备拿赏金。玥玛锁业的人都蒙了，他们觉得这是根本不可能的事情，他们的锁已经申请了专利，按理说不可能被人在这么短的时间内打开。就在他们犹豫的时候，围观的一群人开始起哄了，“轰”的一下子上来抢钱。

老板当时脑袋里一片空白，但老板不愧是做老板的，抱着钱就跑。当时还有保安，保安也被打了，因为人家是有备而来拆台的。老板回去后，左想右想，越想越觉得不对，那个人是怎么上来的，怎么拿的锁，怎么开的锁，仔细地一遍遍看录像。最后他发现，那个人是把锁拿到手之后又从腰里掏出来另外一把一模一样的锁，用的是变魔术的手法。

发现了这一点，玥玛锁业就不给赏金了，但是人家告他欺诈，玥玛锁业又没有有力证据，因为录像也看不太清楚。结果他们还没收到判决书，一些媒体却早已对此开始了疯狂炒作。当时中央电视台《经济与法》栏目还专门做了报道，最后玥玛锁业干不下去了，忍泪回乡重新注册了公司。

经过两年的努力奋斗，玥玛锁业又声名鹊起。后来他们发现了当年的事件确实有猫腻，原来当年的事是某家竞争对手所为。那件事发生之后，当地的媒体做了一篇报道，竞争对手自己花钱买了很多的报纸，分发给经销商，把消息散布到社会上去。

从整件事的发展来看，竞争对手是早有预谋的。你明知道是竞争对手做的，又抓不到证据也没有办法。所以，缺少防范意识是不行的。

后来，天网恢恢，疏而不漏，竞争对手起了内讧，因为分赃没分匀，有人主动提供了证据。中央电视台也对这件事进行了报道。

所以，竞争对手是一定要防范的，这是最大的一类风险，因为竞争对手有作案动机。我们在分析一些刑事案件的时候总要先分析作案动机，因为你出了问题，竞争对手获利最大，所以竞争对手有作案动机。

第二，来自客户的风险。客户受到某种程度的伤害之后，也会对企业产生一定的影响。

第三，来自员工的风险。如果内部员工觉得很不爽，也会做出一些事情来威胁企业。

第四，来自自然灾害的风险。自然灾害很多时候也是可以防范的，比如可以通过保险的方式防范自然灾害。

第五，来自媒体舆论的风险。有一些企业比较傻，请律师制定了一套制度，觉得可以万无一失，在法律上一点问题都没有了，但还会有风险。以前的三株就是这样的，在法律上一点问题都没有，最后还是倒闭了，这是什么原因造成的？是舆论。所以你不能只指望用律师来防范风险，有些风险不是律师的责任，但也要防范。

第六，来自合作伙伴的风险。当年，胡志标的爱多 VCD 就是这样，竞争对手没有用手段来破坏，客户没找他的麻烦，员工没有做特别的事情，他是被几个合伙人搞倒了，最后被送进了监狱。

第七，来自政府的风险。政府有监管、有条例，不要以为政府不管你，你就可以胆大妄为，也要有所收敛，不要为所欲为。

第八，来自企业自身的风险。什么叫企业自身的风险？一般来说，企业自身的风险是指领袖的风险。宋山木出了事之后，“山木”这个牌子就成了企业的心病，这个牌子企业以后还要不要？

领袖和企业绑得太紧，结果往往是一损俱损、一荣俱荣。一般来说，企业最好别用领袖的名字来命名。这里含有一些隐患，除了名誉的风险，当然还有领袖自身的风险。

领袖和企业绑得太紧，结果往往是一损俱损、一荣俱荣。

有人可能会说，为什么有那么多传承百年的企业用人名的比较多？其实，当时他们也没想到要传承百年，也就是一家私人店，后来做长久了就没改，就是这样。

当时他们也没有那么多经营管理知识，咱们现在是要做新经济领袖，总不能像他们当时那样做。因为商标也有价值，一旦你叫了一个名字就不好改了。如果你没用自己的名字做商标或者想用自己的名字做商标，可以多一种考虑。

企业不用领袖的名字，相对来说风险防范的难度会小一些；用领袖的名字，风险防范的难度就高一些，尤其是领袖还在世的时候。如果领袖已经驾鹤西去了，也就罢了，可以叫麦当劳，也可以叫肯德基，也可以叫杜邦，因为这些人已经盖棺定论了。如果领袖还活着，风险就会非常大，风险防范的难度很高。

如果实在要用领袖的名字，领袖要自己十分检点。如果不用领袖的名字，领袖对自己的要求可能就是五分、八分；用了领袖的名字，领袖对自己的要求就是十分了。我们前文讲过，领袖不检点，可能会造成人亡车没毁的后果，比如国美，虽然黄光裕进了监狱，但国美还是国美，这就是人亡车没毁。

其实，最好的做法是，叫一个大家都认可的名字，这样容易让人产生归属感，当然，这是制度之外的问题了。

企业风险等级

针对这八个方面的风险，企业家还要注意一些什么问题？比如，竞争对手一般常用的手法是诋毁、竞争、骚扰；客户一般会因为自己的声誉、利益受到损失，而来找你的麻烦。政府方面会是财税、法律的问题。员工方面就是劳工、保险、侵权、泄密等问题。企业自身会涉及领导、品牌、产品。合作伙伴一般涉及利益、合同、股权问题。媒体一般采用的方法是曝光、炒作，有些媒体有不良从业人员的可能还会要挟你。自然灾害的风险，主要是一些灾害和间接的伤害，比如日本由于核泄漏事故，间接伤害了其他很多企业，日本旅游业更可谓是损失惨重。

如果按照八个方面的风险进行评级，可以把风险分成十一个级别，从零级到十级。不是什么事情都要防范，真要事事防范的话，老板每天都要紧张死了。比如，零级到二级是晴天，三级到四级是阴天，一般来说，晴天和阴天，只要相关人员进行防范就行了。

五级到六级是雨天，这就要报告给高层了。七级到八级是大雨，要及时汇报给高层，引起高层足够的重视。九级到十级是暴雨，所有的事情都得老板亲自过问了。

把企业的风险等级画出一个雷达图，制高点就是高层领导的防范点，中点由中层管理者重点负责，低点由具体岗位上的员工来负责，层层把关。

在制度上，我们要从流程上分四块进行管理。第一，规划。不是有一个风险防范办公室就万事大吉了。一般来说是要风险小组来做规划，这是一个部门。第二，教育。由人力资源部门和有关的安全部门去负责教育，谁规划，谁教育，这是两种不同的行当。谁没规划好，谁没教育到位，便于将来追究责任，要不然出了问题，只能是老板的责任。第三，执行。具体风险防范工作要做到位。第四，督查。执行过程中，如果没执行到位，存在隐患，督查没查出来就是督查的问题。

所以，规划、教育、执行、督查这四步把任务分解了，分兵把守，才能做一个比较完善的制度防范。

怎样设置风险员和设计风险雷达

“风险员”这个词确切来说不准确，应该是风险管理人员和风险责任人员。大企业可以有一个专门的部门，如果企业是小型机构，领导指数和管理指数都是有限的，设置一个部门成本会很高，可以不设部门，但必须落实这个职能。比方说，质检部门或者公关部门代理这个职能都是可以的，甚至可以让助理或副手去代理这个职能。总之，这事一定得有人专门负责、专门研究，未必一定设一个风险管理人员。

有了风险管理人员之后，还要注意一个问题，比方说竞争对手在布局的时候，风险管理人员不能完全识别征兆，没有及时汇报给高级领导，但是企业雷达已经显示是阴天了。为什么会出现这种情况？其实，这涉及企业的雷达是怎么设计的问题。不要用已经预测到的症状作为唯一的标准，要用可能出现的情况作为重要标准。

因为一个企业高速成长，将要迅速超过竞争对手的时候，一定会引起别人的强烈关注。企业高速成长肯定会占据一定的市场份额，可能会夺了别人的市场，别人肯定会对其进行攻击、诋毁、骚扰，正常的竞争反而是最小的一部分。所以必须注意到企业在平稳的成长过程中可能会出现的问题。如果你不留意竞争对手，表明你落后了，那样竞争对手就更瞧不起你了。

所以要预测在某种情况下有什么可能。企业发展的速度太快了，可能会出现危险，企业发展得越快，可能出现的危险的程度越高。企业还必须做预案，这叫作主动规划，主动防范风险。

业绩挂帅，制度为王

1789 年到 1797 年，美国第 1 任总统华盛顿不做君主，奠定了美国的政治制度基础，被尊称为美国国父；1861 年到 1865 年，美国第 16 任总统林肯废除奴隶制度，奠定了人权制度的基础；1933 年到 1945 年，美国第 32 任总统罗斯福成为美国历史上唯一蝉联四届的总统，成功处理了 20 世纪两件大事：经济大萧条和第二次世界大战，成为万众瞩目的英雄。他们对美国的贡献都很大，历史又是如何评价他们的呢？

罗斯福业绩大，华盛顿贡献大

在历史上，美国从一个后起之秀变成头号强国，其关键转折点是第二次世界大战。那时候的总统是罗斯福。他在任期内，不仅带领美国从历史上最严重的经济危机中走出来，还取得了世界反法西斯战争的伟大胜利，使美国一跃成为世界强国。

如果单纯讲业绩，的确是罗斯福最大；如果要讲贡献，华盛顿、林肯要胜过罗斯福，因为他们保证了美国体制的强盛。即便没有罗斯福，美国还是会变成强国。因为在第二次世界大战的时候，美国就已经具备了这个实力，只不过是罗斯福得到了这个机会而已。

创造业绩的人远没有创造制度的人重要。不仅是美国，中国也是如此。

春秋时期，秦国比齐、楚、燕、赵、魏、韩这六个大国落后了一大截。到了战国时期，秦孝公即位，开始招贤纳士，决心图强改革。这时，商鞅从魏国来到了秦国并且得到了重用，进行变法改革。实施了废井田、重农桑、奖军工、统一度量衡和郡县制等一整套变法求新的发展策略。经过商鞅变法，秦国的经济得到了发展，实力大增。秦始皇登基之后，一举灭了六国，建立秦朝，并形成一整套封建制度。虽然秦朝很快就灭亡了，但它的制度存在了两千多年。后来的皇权时代，在政治制度方面基本上都是沿袭了秦朝的制度。所以，我们说“汉承秦制”，“自秦以来，其制未变”，“百代都行秦政法”。

能够一直传承下来的东西一定与制度有很大关系。国家的基业传承如此，企业的传承也是一样。一个组织的健康成长，不是依靠一两个英雄式的人物，而是依靠规范的制度来保证，能够传承的是制度而不是人。

没有了制度，生活就没有了秩序；没有了制度，企业也会混乱不堪。尤其是具有英雄式领导的企业，如果企业的竞争力仅仅维系在一两个领导者身上，那么，企业的发展就会完全依赖领导者个人，这种发展是难以持久的。

一个优秀的企业要想实现永续发展，就要靠制度。把优秀领导者的素质制度化变成企业的素质，发展的问题也就解决了。英雄式领导创造了巨大的业绩，决定着一个企业能否强盛；制度创造了无数个英雄，决定着一个企业能否长盛。正所谓业绩挂帅，制度为王。

为什么奥巴马改变不了美国

奥巴马还没上台时，就提出了“变革”和“希望”的观点。上台后，他决定在金融安全、经济安全、社会安全方面进行变革，正像他在胜选致辞中说的“变革的时代已经到来”，这让美国人很受鼓舞。

甚至有人在想，奥巴马变革会是又一个“罗斯福新政”的开始。很多人对他寄予了厚望。一年后，奇迹并没有发生，奥巴马也没怎么样。美国人对他很失望，包括黑人群体也指责他辜负了 90% 支持他的黑人选民。

黑人群体为什么会失望？其实奥巴马并不是“亲黑”的总统，就连他自己都说：“我是整个美国的总统，这不代表我能通过一些只让黑人群体受益的法律，我能做的就是确保可以顾全所有人的利益，尤其是那些最需要帮助的群体。”

奥巴马是黑人，但他不是黑人的总统，他是整个美国的总统，他的身份决定他要维护整个美国的利益，而并非黑人群体的利益。因为总统的权力与职责是制度规定的，国家的制度决定了总统可以做什么、不能做什么，奥巴马必须遵从国家的制度。

当然，不只这些，奥巴马的对外政策也遭到质疑。2009 年 11 月，奥巴马访华，但他的表现却在国内受到了激烈的抨击，美国人说他表现得过于恭敬，说他没有就人权问题充分坦率地发表意见，说他没有向中国大力施压要求调整人民币汇率，没有取得实质性的成果。

奥巴马对中国真的那么友好吗？也不是。因为美国还需要中国在一些重要且困难的问题上与其合作。和尼克松、克林顿一样，奥巴马并不是“亲华派”，而是在维护美国的国家利益。因为他是美国总统，必须始终捍卫美国的核心利益和价值，乃至于美国人、美元的利益。这些在美国的制度里都写得清清楚楚、明明白白，他必须这么做。

规则引导行为，制度决定行为，就注定了奥巴马改变不了美国，因为他改变不了美国制度。当然，这也决定了奥巴马成不了华盛顿那样的民族领袖。其实，奥巴马也早就意识到了这个问题，所以他出了一本书叫作《我们相信变革》。没错，变革是一把钥匙，遗憾的是，他没有找到变革的大门。

很多企业家也是这样，想变革，却苦于找不到门。那么，这扇门究竟是什么？是制度。很多企业调整战略、调整产品，也在不断地创新，这些都没错，但千变万化都不如制度创新。

企业制度不改变，企业就没有辉煌。无论是奥巴马还是企业家，现在对变革一头雾水的话不要紧，要紧的是想办法打开这扇门。

对于每一个企业来讲，有制度还不行，还要有好的制度。这就像火车轨道，有了车轨只能解决跑火车的问题，要想火车跑得快，就需要有快速轨道，用一般的轨道跑高铁肯定是要出问题的。制度也一样，坏的制度像坏了的车轨，在这样的车轨上行走，难免会车毁人亡。好的制度不仅能让车跑得快，还很安全。

英雄式领导创造了巨大的业绩，这决定了一个企业能否强盛；制度创造了无数英雄，这决定了一个企业能否长盛。

第七章
同心同德：文化的能量

企业动力强劲，安装四引擎

在一个企业里，制度和文化是什么关系？制度和组织又是什么关系？如果说制度是肢体、组织是躯干的话，文化就是灵魂。怎么能够让一个企业的灵魂活灵活现呢？需要安装新的引擎。问题是，有些组织也有引擎，但只是由领袖一个引擎带着走。这种单引擎的企业呈现出来的现状是领袖很累。所以，企业领袖做得累，累在单一驱动。

由单一驱动到四部引擎

很多人都认为，企业的引擎就是老板引擎，老板代表一切。其实，优秀的企业有四部引擎在驱动着企业向前行进（见图 10）。

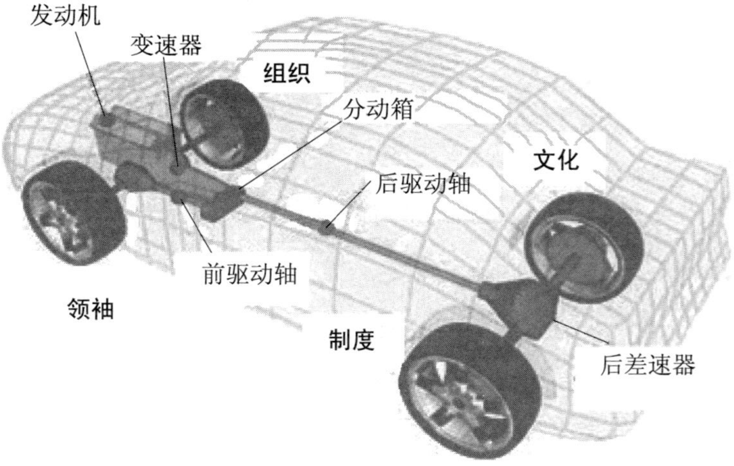

图 10　企业发展的四部引擎

第一部引擎是最原始的引擎，也就是领袖驱动，一个人带着一帮人向前冲，领袖冲在最前面。第二部引擎是组织引擎，也就是组织驱动，往往是这样的情形，一帮人向前冲。第三部引擎是制度引擎，也就是制度驱动，只要有一套好的游戏规则，企业可以自行运转。企业发展到高阶，就有了第四部引擎，文化引擎。这个引擎也是我们要重点讨论的问题，如何用文化来驱动企业发展。

那么，这四种驱动有什么区别？

领袖驱动这种引擎的主要作用是凝聚。领袖找到目标，追随者找到领袖。领袖会凝聚一些人，让一个组织不散，就是领袖驱动。组织驱动的主要作用是整合，因为人凝聚起来未必就是最佳结构，用组织的方式对能量进行整合后，就有可能实现最优化。等到了需要制度驱动的时候，企业就会规范起来，各项动作会精准。文化驱动是从另外一种意义上讲，在精神层面上再造一个企业。四种驱动结合起来就是：有领袖不散，有组织不断，有制度不乱，有文化不迷。总结为八个字“不散、不断、不乱、不迷”。

很多人说，企业文化就是老板文化。这种说法对不对呢？当老板有一种想法的时候，仅仅是一种想法或一个念头，其实只是在“文”的层面，员工的行为习惯才叫“化”。所以，大部分企业说有文化，其实很可能是一种有“文”而没“化”的状态。

企业文化是企业灵魂不是企业宗教

从人的角度来说，大部分人都有一种信仰。假设我们把人的信仰归结为一种宗教的话，那么，在企业里，企业文化是不是企业的宗教呢？很多人把企业文化说成是企业宗教，认为这样比较容易理解。在我看来，企业文化不等于企业宗教。在日本，典型的日本企业都会有神社，神社很重要的一项功能就是传播企业文化。每个部门都会设立一些传承企业文化的组织，稻盛和夫也是这样做的，他对文化是顶礼膜拜的，这时文化具有一定的宗教特征。在这些企业里，企业文化可以叫作一种企业的宗教。

我认为准确地说，文化的含义要大于宗教的含义。宗教只是信奉某种理念，然后践行某种行为，企业文化其实包括了某种行为，也包括了员工的文化素质，既包括了物质文明，也包括了精神文明。准确

企业文化其实包括了某种行为，也包括了员工的文化素质，既包括了物质文明，也包括了精神文明。

地说，企业文化是有别于宗教的。

一般来讲，宗教都是有偶像的，文化不一定有偶像。

企业在文化驱动的过程中，如果走错了路，很有可能会造成把企业变成寺庙、文化弄成宗教的情况。我认识一个很棒的职业经理人，有一天他给我打电话说，杨教授，我已经辞职了，到另外一家企业去了。我问他为什么辞职，他说，待不下去了。因为原来的老板个人崇拜越来越厉害，员工上班、下班都要背诵“老板语录”，还要跳“激励舞”。谁要不做还不行，每个办公室都要贴上“老板语录”，最近老板又印了一本“语录”让员工背。这就是把企业弄成寺庙了，老板变成神道了，有正常头脑的人就跑掉了。如果不跑掉，他们就得疯掉。

其实，宗教化或者是企业文化的宗教化往往会有这个特点，没有宗教化的企业文化是以理念为中心，大家共同信奉一种理念，宗教化的企业文化认为理念不重要，一定要信奉领袖。领袖可以随时提出理念，领袖是核心。其实，连领袖也要信奉一种理念才是正确的方式。

如何判断企业文化有没有走入邪道

要判断一个企业文化有没有走入邪道，可以看领袖所说的话他自己带头遵守了没有。

有一个真实的案例。有一家企业做得很大，老板强调让学员献出爱心，让客户献出爱心，让员工献出爱心，最后老板把钱全卷跑了，自己没献出爱心。所以，老板提倡的观念是不是他身体力行的很重要，他不能身体力行，那就是邪道，他能身体力行的才是正确的企业文化。

老板犯了错误也要反省，也要根据这些准则来判断，而不是根据他的话来判断一切。不能限制人身自由，如果老板限制人身自由了，甚至侵犯人的尊严了，那也是邪道的特征。

比如，曾经沸沸扬扬的山木，他们的企业文化里就是偶像第一。当然，企业文化原本就来自领袖性格中的成功因素，领袖性格中的优秀品质融入了企业。但是，山木公司将领袖性格中的失败因素、恶劣的品质融入了企业。

在山木公司里，宋山木当政的时候就有一种不正的味道。比如，员工来到公司之后要改名，这就限制了人的自由，员工连姓名权都没有了。又要汇报思想，又要受到行为监督，女员工宿舍的钥匙都要领导拿着。

形成对领袖的顶礼膜拜，人们的思想就被控制了，见到总裁怎么说话、怎么鞠躬都是有规定的。走的时候不要让总裁看到你的屁股，那就得退出去，有点封建统治的味道。这就带有一些人身侮辱性了，为什么见到总裁就一定要鞠躬呢？大家都是平等的，总裁见到员工怎么不鞠躬呢？一个企业家做到这份上就有点邪的味道了，这就会让员工极不舒服，尤其是在科技高度发达，每个人的自我主张、自我意识高度觉醒的今天。想把大家都变成愚民，自己当高高在上的王就不对了。好的领袖应该是一个标杆，是一个带头人，是众人的仆人才对。

阿贾克斯的足球文化

我们还看到，无论是制度驱动还是文化驱动，在培养人才这个问题上，每个驱动都会有自己的一些特征。比如，在足球行业里，巴西“全民皆球”，天然就有足球土壤，足球荣誉是他们最高的荣耀，所以就会不断有足球天才涌现出来。荷兰也有自己的足球文化，他们主要靠专业训练。阿贾克斯俱乐部就是这样，它有自己的足球文化，挑选优秀的选手到球队里，通过专业训练，然后给球员贴上个标签。这些球员后来有的转会出去了，转会费也不低。人家有这样一套文化，有这样一套制度，自然就能出来好的足球队。大家为什么踢球，踢球到底是怎么回事得先弄明白了。其实，中国足球能够成长的那一天，一定是中国足球文化引领世界足球文化的那一天，而不是出几个足球运动员的那一天。

一个企业也是这样，拥有最优秀的文化的企业会长治久安。企业要制度为王，要领袖为王，还要有一个看不见的王——文化为王。这三个王不同，前两个都是有形的，文化是无形的。

在世界上我们能接触的能量有形的只占百分之十几，百分之八十几是无形的能量，又叫潜物质、潜能量。文化其实是一个潜能量，我们经常看不到它，但是它无所不在。从领袖驱动到组织驱动，到制度驱动，再到文化驱动，四部引擎，动力强劲，领袖自然就轻松了。

企业文化出色，调配三原色

建设企业文化很像画一幅画，又很像是看一部片子，多姿多彩，让人眼花缭乱。其实，还原企业文化，无非就是三原色。要想培育出胜过别人的企业文化，只需要调配三原色（见图 11）。

多彩的企业文化，美是和谐

企业文化千变万化，比如大众的企业文化、富士康的企业文化、阿里巴巴的企业文化等等。所有的企业文化无非包含了这样一些关键词，其中激情、理性、和谐是最基本的。在光谱里，三原色是红色、蓝色、绿色。用三原色来表示，红色代表激情，蓝色代表理性，绿色代表和谐，就构成了企业文化的三原色。

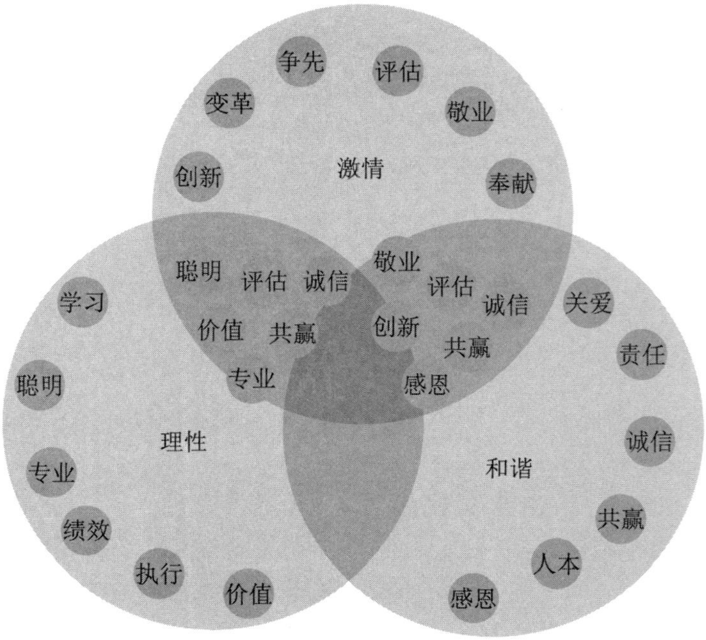

图 11　企业文化的三原色

激情与和谐相接的地方是奉献；激情和理性相接的地方是创新；和谐和理性相接的地方是诚信：这就有了六个颜色。在三原色都相接的地方会产生巨大的社会效应，那是绩效。

一个企业的文化，无非就是激情、理性、和谐、奉献、创造、诚信、绩效这七个关键词，然后就是怎么组合的问题，何为主何为次。千变万化的企业文化都离不开三原色和七个关键词。比如大众的文化，价值、专业、共赢、激情、诚信、聪明，在这里都可以找到。阿里巴巴的核心价值观是企业第一，拥抱变化，团队、合作、诚信、激情、敬业，也可以在那里找到。稻盛和夫在他的企业里提倡敬天爱人，也都没有逃出这几个关键词。

不同的颜色主导不同的理念。红色主导的理念是梦想和激情；蓝色主导的理念是谨慎和理性；绿色主导的理念是敬天爱人；黄色主导的理念是乐于奉献；绿色和谐与蓝色理性相接的青色区域主导的理念是信守承诺；洋红色主导的理念是创新；白色主导的理念是追求绩效。那么，怎么制定或者设计企业文化呢？

环境和谐：企业要符合环境色彩

制定或设计企业文化要有几个参数：你所处的国度。你是在一个什么民族、什么国家的背景下非常重要，因为要有本国的特色，要适应这个特色。

比如日本的企业，开始的时候都是产业报国，也就是致力于日本战后复兴。产业报国和国家有关系。我国有一些这样的企业，长虹就是其中之一。因为一个企业的发展和民族的兴盛、国家的兴盛有关，所以在大背景下，要适应国家的特色。如果说背景是蓝色的，弄一个红色的企业就不行。在改革开放形势下，都弄成蓝色的企业也不行，所以要适应大背景。不光是国家背景，地区背景也得适应。

有人可能就要说了，现在都国际化了，还用得着分这么细吗？要按这个理论来说的话，西方最早的企业的文化是在什么背景下建立起来的呢？通常是适合他们国家的人性或者他们国家的制度，长久以来形成的。是不是到了其他国家就不适应了呢？也不会。

其实，文化是在变化之中的，文化不是一成不变的。比方说现在日本企业到中国来了，时代变了，区域也变了，就不提“产业报国”这个词了，很可能它的文化改成了普遍价值观，把客户放在第一位了，把开放放在第一位了，把融合放在第一位了。

所以现在我们一些企业进入国际化，如果到了美国还提“产业报国”“为中华民族复兴”，那美国人会认为这关他什么事？文化在变，色彩也是在变的，要适应不同环境的色彩。不但要适应时代，还要适应地区。

阿里巴巴发展起来之后，上海人都说当年为什么没留住马云呢？当年马云到上海发展，为什么偌大一个上海容不下他？从管理的角度看，当年马云如果留在上海，很可能没有在杭州这么大的成就。因为上海产生大企业的概率比较小，这和当地的文化有关系。上海人比较讲游戏规则、讲规矩，比较精细。这种特点能保证他们做好，但很难保证他们做大。他们大气不足、野性不足。杭州就不同了，杭州的野性就很足。同时，上海的官气也比较重，官气比较重的地方，商气相对就要弱一点。

为什么深圳出了很多富人，而且出现很多行业的老大？这也不是偶然的。像银行业的招商银行，通信设备行业的中兴通讯和华为，房地产行业的万科，互联网信息服务行业的腾讯，等等。出现这些企业的原因在于深圳是一个移民城市，具有包容性。相对来说，政府的干预弱一点，企业在这样的环境里容易创新。一个移民城市，大家都抱着梦想而来。一群有梦想、有野心的人，给他们一个舞台，让他们来表演，就会带来奇迹。

职能和谐：人要符合企业的色彩

在培育企业文化的过程中，我们不赞成把企业文化搞成宗教，把领袖奉为教主。但是，宗教的一些传教办法还是值得我们研究的。比如佛教说的“信解行证”四个字，“信”就是要相信，“解”是要理解，“行”是践行，“证”是证悟。其实基督教也是这样，传道大多都离不开这四步，企业文化也是这样。

第一步，相信企业文化。有人可能会觉得奇怪，为什么相信要在理解之前？因为员工信奉企业文化，可能并不是很理解，所以把企业文化写出来，挂在墙上还是有必要的。要不然员工连概念都不知道。

第二步，理解企业文化。怎么能够让员工真正理解企业文化？要让员工自己来诠释企业文化。

很多企业从来没有让员工诠释过企业文化，其实这一点很重要。你可以让员工说说什么叫和谐、什么叫奉献。他自己解析的可能会比你解析的要好得多。当他自己解析的时候，企业文化就入脑入心了，而不仅仅是入口。

第三步，让员工去做，去践行企业文化，体现在行为上。这个时候，要有一个企业文化行为的审计。企业文化能不能变成员工的行为，行为在哪儿，这需要进行审计。如果一年的时间里，企业做了财务审计，甚至做了制度审计，没做文化审计，那么企业文化到底有多少落到了实处就会不清楚了。

第四步，证悟。相信、理解、行动都做到了还不够，还要言传身教，这时就不仅仅是自己领悟了。企业文化一定是通过人来实现的，要不然就只有“文”，没有“化”。我们培育企业文化就是培养员工的行为习惯，行为习惯的养成可以通过培训、宣讲的方法来实现，最有效的方法是老员工的言传身教。

老员工是发酵的酵母，有了他们，可以以一顶十。老员工要起到传教士的作用，传承企业文化。像 IBM 讲的，不管你是红色的还是黄色的，到了 IBM 都要变成蓝色的。谁来做染料？肯定是老员工。

优秀的员工就是文化的 DNA

企业文化实现了之后不但对员工有巨大的吸引力，对客户和社会也有巨大的吸引力。举个例子来说，我咨询过一家企业叫新明珠。这家企业年年增长，但是人力保障一直是很充分的。

大家知道，这些年广东地区总是闹民工荒，尤其是过了春节，企业最难受的是节后招不到人。工人回家了就不来了，于是很多企业都高价招人。但是，新明珠不用高价招人，过了春节就有两千多人在门外排队来应聘。别的企业来挖人，他们也不去。

原来这家企业出了全国第一个农民工人大代表。那个员工在到这家企业之前跳了六家企业，几乎每年都跳槽，但是一到了这家企业就不动了，而且还成为农民工人大代表。这家企业就是树立了一批这样的标杆员工，才保持持续发展的。

那些员工回到家里就会告诉亲朋好友，在这家企业工作，一年会怎么样，两年会怎么样。因为有标杆在呢，他们很容易受到影响，知道在这家企业工作好。这样的企业还愁招不到人吗？这会是个良性循环，这是一个正面的案例。

负面的案例就是富士康的员工跳楼事件。富士康的员工跳楼事件其实有很多原因，但是可以看出来，他们跳楼并不是由于收入低。富士康的员工在同类企业里收入是比较高的，当然劳动强度也是比较高的，因为员工加班比较多。单纯从收入角度说，富士康还是占了优势的。

问题是，富士康的企业文化里缺少了关爱文化，特别是对员工心灵的关爱。其实富士康有宿舍、有球场、有活动室，更多关注的是员工的身体，能够让员工下班后住得舒适，但是员工心里苦不苦，他们不关心。

富士康的员工差在哪儿？员工的幸福有三个指数，第一个指数是收入指数，第二个指数是公平指数。比如员工开了 3000 元工资，又得了 3000 元的奖金，他很高兴，很满意，但是第二天可能他就要开始骂老板了，因为他发现另外一个员工做的是跟他一样的工作，奖金是 3300 元钱。少了 300 元，他认为，别人高了而他低了，不敢找老板就在背后骂老板。富士康的台湾员工和大陆员工的工资水平差距太大，所以员工会觉得不公平。第三个指数是梦想指数。新明珠的员工有一万多人，其中出了一批标杆员工，甚至出了全国人大代表；富士康有 90 万员工，却没有一个标杆。所以一定要树立正向的标杆。

正面的有标杆，负面的也有标杆。没有良好的 DNA，光说要有梦想，要有理想，其实都是空想，别人也不相信。不过，富士康现在已经开始改进了，开始注重员工的幸福，开始组织优秀员工，不断给他们荣誉，组织旅游，企业包吃包玩，已经关注到了人们心里最脆弱的地方。注意到人的梦想和幸福感，相信以后的富士康一定会是新的富士康。

优秀员工是企业文化的DNA。所以，做好企业文化，一定是要有作为标杆的人，有作为文化DNA的人，无形的文化必须通过群体来表现，通过群体的有形行为来表现。

领袖魅力无限，修炼六品格

在企业文化的形成过程中，领袖很重要。领袖的魅力也是企业文化的一部分。尤其是中小企业，一个组织的魅力还没有达到成熟的阶段，就会要求领袖有这样的魅力，会形成企业文化最具特色的一部分。那么，领袖的魅力从何而来？关键在于修炼六品格。

企业领袖的六种品格

第一种品格是远见，以远大目标引导人。企业领袖的影响力来源的一个很重要因素是远见。英雄可以没有远见，敢干就行了；领袖一定得有远见，远见是最吸引人的。一个没有高目标的领导人不会引导着别人跟自己干，所以一定要指出更高的目标，因为人本身就有这样一种属性，是为明天而活着的。我拿青春赌明天，你不给我明天，那我就不贡献今天。身为领袖，如果你的下属看到了今天，你一定得看到明天，要用你远大的目标去引导人。

第二种品格是正直，以正直的品格征服人。企业领袖可以有别的缺陷，可以粗鲁一点，但一定要有正直的品质，这是大家钦佩你的地方。

第三种品格是激情，以奋斗的激情感染人。你要想感染人，自己必须是一个点燃者。有些领袖尤其是像乔布斯这样带有英雄特色的领袖，他们的激情是无限的，可以说是激情澎湃的，你一接近他，就会被他感染了。国内的企业家，像马云这样的人也充满了激情，跟着他，不疯狂也得疯狂。

第四种品格是自省，以自省的态度警醒人。自我反省是很多领袖缺少的品格。很多领袖觉得自己什么都行，没有缺陷，这种人往往就是不懂自省的人。我经常问一些企业家，你认为自己最大的缺点是什么？他们往往会回避问题，说自己最大的缺点就是脾气太急躁、太严厉、太沉迷于工作、太追求效率等。但这些都不算缺点，只是在变相说自己的优点。

一个真正伟大的人会这样说自己：我身上综合了许多人的缺点，脆弱、轻率、爱犯错误，要表现得狂妄自大才能掩盖这些缺点，我从来不是圣人，而是一个罪人。有自省精神的人敢于解剖自己，敢于这样说的人是曼德拉。

领袖一定要有自省能力。有了自省能力，就到了领袖的高阶，就到达了圣人的境界。圣人就是超凡脱俗的人，你站在上帝的高度回望自己的时候，你就是自己的上帝。你站在佛的高度回望自己的时候，你就是自己的佛。你站在俗人的角度仰视自己的时候，你就永远是个俗人。所以，领袖不要回避自己的缺点，要敢于承认有缺点，自省才能伟大。

第五种品格是果敢，以果敢的意志影响人。企业家和经理人会有很多区别，其中一个区别就是果敢。经理人可以是赢得起、输不起的人，企业家一定是赢得起也输得起的人，输了钱能够微笑走出赌场。

在巨大的困难面前，可能所有人都动摇了，唯有你屹立不动，那时你的魅力就体现出来了。“敌军围困万千重，我自岿然不动”，在毛泽东身上就有这样的魅力，他果敢的意志是很多人比不了的，无论是在顺境，还是在逆境，始终果敢。

第六种品格是包容，以包容的胸怀接纳人。曼德拉为了改变南非的种族歧视进行了长达50年的奋斗，其中一半的时间是在监狱里度过的。最后他终于成功了，当选为南非总统。在总统就职庆典上，他请了两个特殊的嘉宾——过去在监狱看管他的两个白人狱卒。

在监狱里，曼德拉受到迫害，这些人对他也不友善。虽然那时候没有《忐忑》这首歌，但是那两个狱卒被邀请的时候心里一定很忐忑。很多人也认为，曼德拉会修理那两个狱卒。

结果让很多人为之动容，曼德拉亲自给他们敬酒说，你们两个是帮助过我的人，让我认识了很多东西，我不能记恨你们。因为在我成长的道路上，我过去就是一个轻浮的人，是一个草率的人，是一个狂傲的人，这些年你们让我的性格收敛多了，所以要感谢你们。如果我还在记恨你们的话，那么我的心就还在监狱里。

这个胸怀不但使那两个狱卒感动，也感动了其他人，因为他们知道曼德拉不是黑人的总统，而是南非总统。这种包容心是超越民族和种族的。一个领袖有了这种包容心的话，影响力就是巨大的。

如果以上这六种品质在你身上集合起来，你就会成为优秀的领导者。

领袖如何超越传统的管理模式

在经济转型的今天，我们的经济发展正处于转弯期。我国提出，经济转型很重要的一点是管理要创新。那么，作为新经济时代的领袖，如何超越传统的管理模式?

西方的管理制度加东方的管理智慧集中了最优秀的东西。制度的作用是使人恐惧，智慧的作用更多的是使人开悟，特别是人的情感，智慧的核心是爱。既让员工恐惧又让员工爱，就会形成未来的一个新的管理模式。其实无所谓东方管理、西方管理，现在东方学西方，西方也在学东方，好的东西都往一起结合，这是阴阳之道。

准确地说，西方最好的是制度和纪律，东方最好的是爱和情感。如果单一地只讲制度和纪律，结果并不会好。有这样一个案例。在西方的军队里，吃饭的时候把面包扔掉是浪费粮食，是不允许的。一旦被发现，队长就会让全体集合，问是谁扔了面包。如果没有人承认，就要全体罚做俯卧撑 50 个。50 个俯卧撑做完了之后，还是没人

西方最好的是制度和纪律，东方最好的是爱和情感。如果单一地只讲制度和纪律，结果并不会好。

承认，就再做 100 个。这时，就会有人说，快承认吧，不承认我受不了了。被人告发的话会罪加一等，于是那个士兵站出来了，承认是他扔的面包。队长问，那你是接受军事处罚还是吃下去？士兵选择吃下去。队长为了让他印象深刻，把面包扔在地上，让全队人从面包上踩过去，这时面包已经不是面包了。那个士兵还是得拿起来吃，连沙带泥的，一个面包吃了 15 分钟，印象深刻。以后谁还敢再扔面包？肯定没人敢了。

但是，那个士兵在吃面包的时候默默地念叨着队长的名字，也许他在表示着心中的愤怒，也许还会报复队长。你执行纪律，让下属不敢再犯错了，却造成他的恐惧、憎恨，最后你遭到了攻击，这是一个可悲的结果。

有纪律不行，要有纪律惩罚，但是又要有关爱，两者结合在一起，他才会感谢你。所以，西方的纪律加上东方的情感，两者结合起来，我们的管理将会无敌于天下。

健身需补钙，健脑需补书

在现代企业中，有很多管理者甚至企业家，比如一些民营企业家，在改革开放之前可能就是普通工人，甚至是农民，他们凭着好的机遇和一股英雄气概去闯。用现在的话说，他们是草根英雄，然而他们真的成了英雄，成立了企业，企业发展得也很好。这样的老板怎样才能提升自己的品格，从英雄转变为领袖呢？他们该怎么做呢？书是最好的补品。

书是最好的酒

现在大多数企业家还处在英雄阶段，他们身上有很多很有光彩的东西，那是别人永远都模仿不了的。但是他们也有着先天的缺陷，由于他们出身比较贫寒，加上当年受的教育不够，当财富迅速积累之后，一些人的个人品行、品质和品位都和他所拥有的财富不匹配。所以，我们会看到很多人开始主动寻求改变。

比如，现在的EMBA，尤其是名校的EMBA里有很多这样的人来学习。因为相对来说，EMBA的门槛比较低，他们可以通过花大价钱来学习。现在学费收得越来越高，已经是几十万了。这不单是给他们一个学习机会，也是对他们品牌的提升。

这种投资要比投资到豪车、豪宅上更好。他们开始培养自己的品位。西方最有品位的是穿品牌，于是他们也开始改换行头，穿戴一些很贵的东西来炫耀。

他们也参加一些比较高雅的活动，在很多场合都喝红酒，而不喝啤酒了。但是他们还处于喝红酒的初级阶段，拿来杯子，咕噜咕噜就喝下去了，还是用的喝啤酒的方法。越是比较落后的地区越是这样，他们的出发点就是让自己的品位提升，脱离土腥气。但是，高尔夫打得再好，水平再高，只不过是会打高尔夫的武夫；他们穿西装，穿得品牌再高端，也像是穿西装的武夫。喝洋酒也是，就算他们学会品了，开始慢慢地一口一口地品，也只是会品洋酒的武夫。

有一个企业家跟我说，杨老师，喝“路易十三”我现在喝出体会来了，“路易十三”是一种让人感觉无比丰富的酒。在一瓶酒里，可以品到核桃、水仙、茉莉、荔枝等香味，还可以嗅到鸢尾花、紫罗兰、玫瑰、树脂的清香。更美妙的是，余味是一般白兰地的四倍，萦绕长达一小时以上。

其实，他不知道有另外一种比酒还厉害的好东西叫作书。随便举一本，比如美国人尼尔写的《与神对话》，读过以后人就会感觉不一样了。我就跟他讲,《与神对话》是一种让人感受无比丰富的书，在书中，你可以品到苏格拉底、亚里士多德和耶稣，还可以听到老子、庄子和释迦牟尼。余味可以是一年甚至可以是一生。

为什么不读这样的书呢？这才是提升品位的东西。光盯着洋酒干吗？最有文化的东西是书，不是酒。书集合了前人巨大的能量，如果用酒来说的话，那么书就是最高度数的酒，可以让你沉醉，更可以让你升华。

企业家要读的六种书

有些企业家听说哪本书好就去读。但是，书好比药引，要读什么书就像要给自己配什么药来治病一样是有讲究的。一般来讲，药分五味，书差不多也是这样。要根据自己的需求去配，缺啥补啥。如果你啥都缺的话，那有六种书是可以去读，而且是必须读的。

第一种书，常识书。从小学到大学，我们读的都是常识书。其实，在大学里学的很多东西也叫常识，因为进入社会到了实践中好像根本用不上。但是常识不学却不行，比如人家一问莱茵河在哪里，你都不知道，那是不行的。有人一问巴黎是哪国的首都，你说是德国的，那就闹笑话了。一些老板经常闹笑话，读了常识书，就会减少闹笑话出丑。

第二种书，专业书。干什么专业就读点什么专业的书。读专业图书就要盯住该专业里的一流大师的作品，比如搞管理的要读彼得·德鲁克。有人说，彼得·德鲁克的著作有 39 本之多，读哪一本？如果只能读一本的话，就读《德鲁克日志》，这是彼得·德鲁克九十多岁的时候把自己毕生的管理学问整理成的一本著作。

大师的书比较好读，一流的书都是好读的，谁都读不懂的书是二流的书。专业书得读，如果你想成为好的管理者，读彼得·德鲁克还不够，还要读格鲁夫的书《格鲁夫给经理人的第一课》，读了这本书你就明白了怎么做高产出的经理人。他一个月只做六个小时的工作。世界一流的企业怎么管得好，有技术更有招数。

第三种书，文学书。企业家为什么要读文学书？关键在于补情商。很多人从校门到校门再到校门，虽然学历很高，智商很高，情商却不够高。又没有那么多经历，又没有行万里路，又没有阅人无数，那怎么办？有一些文学书可以补充。比如没谈过恋爱，可以读点恋爱书；没遭过罪，可以读高尔基的《童年》《我的大学》，去补这个课。情商要丰富，不补就会出问题。

我带过一个博士研究生，人不错，38岁，气质形象都没得说，一米八的个子，赚钱也不少，年薪60万以上。一般女孩子一听这个条件，都觉得可以谈一谈，但是不过十分钟，人家就走了。他是这样看女孩子的，女孩子来了之后，他就说，我看上你了就别啰唆，你要什么条件吧？就像集市上买牲口一样，摸摸牙口觉得行，伸出三个手指头，卖主伸出俩手指头，他再伸出两个半手指头，讲价，谈条件，简直不可理喻。他不知道怎么谈恋爱，他认为这很简单，你是嫁给我做老婆，给我生儿子，说那些虚的干什么。或者是他没看上人家就直接说，我没看上你，就走了。

所以，那些女孩子都说他有病。其实也真有病，这是阿斯伯格综合征，是一种对他人情绪感情冷漠症。他不理解什么叫谈恋爱，谈恋爱不是谈判。他不知道为什么蝴蝶追着蝴蝶飞显得浪漫。所以，多看点文学书可以进行情商启蒙。

第四种书，传记书。当领袖的人一定要读传记。很多人做了多年领导者，一举一动还是畏畏缩缩，没有大人气概，没有领袖气概。上一次电视，汗都出来了，直打哆嗦，这是因为胸中没气，只有钱。

读领袖之书，能够充盈领袖之气，不妨读点《拿破仑传》《毛泽东传》《杜鲁门传》之类的传记书。读一读《巴顿将军》，就会知道什么叫领袖气概。读一读《毛泽东传》，就会知道什么叫高山大河。他走过了雪山，就有了雪山的气概；他走过了江河，就有了江河的胸怀。

第五种书，智慧书。智慧书指的是哲学和宗教书。这类书要读，不然你的任督二脉就没打开，你成不了高手。你读了宗教书之后，就会发现，宗教书会告诉你不要愁苦，世界就是这样。有些事情是我们命运中本应该发生的，所以在“泰坦尼克”号上，当大多数人惊慌失措，死得非常惨烈、非常痛苦的时候，牧师就很安详。还有的人，把救生圈放下来给别人，因为他认为这是命运注定，既然上帝这么爱我，我就见他去吧。宗教让人很纯净、很安静。

读哲学书也是这样。当然哲学书中，我们读儒学的比较多，其实，《论语》是道德书，哲学味道最浓的是《老子》和《庄子》。读了这类书你就会明白，什么叫“阴在阳之内，不在阳之对”，你明白了之后，就会豁然开朗。

第六种书，无字书。什么是无字书？人是无字书。一个企业家必须读懂人，一个经理人也必须读懂人，因为我们就是做人事的。怎么读？小的时候，读懂老爸老妈，就会有大进步；上学的时候，读懂老师同学，又会有大进步；成为老板的时候，读懂员工客户，又是一大进步。

根据能量级来说，和高能量的人在一个团队里，你是最耗能的。所以，当一个企业家在一个企业里处于最高位置的时候，不要沉迷于帝王的感觉，要到外面去找到比你还高的人，和他接触，然后你的能量就会很快得到提升。和什么样的人在一起，和什么样的物质在一起，最后就会有什么样的能量表现。

当一个企业家在一个企业里处于最高位置的时候，不要沉迷于帝王的感觉，要到外面去找到比你还高的人。

有一些书，比如能量特别高的书，你放在枕边随时看上一眼，一年下来也会能量大增。如果一次读不懂，就要再读。有些人说，我一看书就头疼，不能读。中国古代有一种读书法叫作数读，即书读百遍，其义自见。如果一本书读不懂，读了一百遍就会茅塞顿开了。人的进步都是这样，小进步日积月累，到大进步突然开悟。数读不要求一定要读懂，只要你和书中的高能量的人在一起就可以了。所以，你一年没读几本好书，没和几个高人切磋过，能量就会下降。当然，听好的课程也是这样一种修行。

升级头脑，还需借助“外脑”

现在，很多企业家的学习力是越来越强了，他们不断学习，不断升级自己的头脑。但是学得越快，情况变化越快，往往学习赶不上变化，而且有很多领域他们穷其毕生精力，也达不到别人的程度。这种情况下最好的办法是借助外力。一个优秀的企业家不仅要借助自己手下的英雄，还要借助外面的顾问和社会资源，才能真正让企业经营达到一个比较高的水准。

顾问与经营者是两种逻辑

作为一个经营者，他的系统思维往往是符合 PDCA 循环的。第一步，Plan，计划，做事要有计划；第二步，Do，实施；第三步，Check，检查；第四步，Action，改善。Plan-Do-Check-Action，一步一步，一个循环下来，然后再进一步调整计划，再实施，再检查，再改善。

在不断的循环运转过程中，经营者会不断发现问题，在一个循环之后再来解决这个问题。这就是企业家的基本逻辑，不断去完善，也不断出问题。

作为顾问，就不是这样思考问题的。顾问不从计划出发，而从问题出发。顾问到了一个企业，就好像医院接收了一个病人，一定是从问题出发，根据症状倒推回去。跟企业家 PDCA 循环的逻辑思维不同，顾问的思维是 4D。

第一，是 Depict，呈现；第二，是 Detect，诊断；第三，是 Design，处方；第四，是 Do，康复。企业呈现的问题只是表现问题，接下来顾问会诊断，找到问题的原因，而且一定要找到根本原因。因为越找到根源，下药越少，越在表皮上，下药越多。高手一定要诊断到原因的原因，也就是因母，而人们通常所看到的只是因子。

我们举个例子来说。一个企业的执行力涣散，这是问题，那原因在哪里？往上找一找，是因为推行力不够，那就要提升推行力，可是，推行力上去之后，执行力还是一阵好一阵坏，员工没有积极性，要推着员工走。再往上找原因，结果发现是领导力的原因。

> 一个企业的执行力涣散，最根本的问题是领导力问题。

不可执行或者执行了对员工没什么好处，你逼着员工走他就走。其实，时间长了，一个企业里找来找去，最大的原因在于企业家。这些年来，有越来越多的案子投诉到企业家个人顾问那里，原来下面的人做好了之后，破坏游戏规则的往往是企业家，企业家是一切原因的原因。

找到了根源，企业家改善 1 分相当于下面改善 10 分。所以，从企业家改起，往往是治病根，“上医治未病”，大医医治根本。诊断之后，开处方。企业家有各种各样的病，很复杂，必须对准主要病症，如果不对症就下了药，那也是有问题的。

下了处方之后，还要让他服药，帮助他康复。如果又出现问题了，再找解决办法。所以，尽管顾问和经营者的目的都是为了提升绩效，归宿是一样的，但是出发点不同。传统管理以管理者为中心，始于计划；而“4D”始于问题，从情景呈现、因果解析，到方案选择、行动达成。

企业家修大坝，咨询师堵漏洞

为什么有些企业家、经理人辛辛苦苦做一年，也没赚到那么多钱，一个咨询师或咨询团队来了，做了一段时间就拿了 100 万？对此，一些经理人就特别不服气，他们觉得凭什么啊？凭的是工作的方式不同。

咨询师做的是更有效的咨询方式、工作方式、效益方式。如果说效益是水，那么，企业家每天都在筑坝，围住水，逐步提高水位。但是筑坝要筑千里之堤。千里之堤，毁于蚁穴，有一个地方有了漏洞，筑了一千里的坝，一夜之间会全部垮塌。那么，咨询师是干什么的呢？咨询师不是筑坝工，是找漏工，他用工具和仪器发现哪里有漏洞，哪里有白蚁洞。他用一块石头、用一剂药就把问题解决了。一块石头、一剂药看着不值钱，但是解决了隐藏的漏洞，让千里之堤免于崩溃，咨询师的价值就在这里。所以，企业家是筑坝工，咨询师是找漏工，一个都不能少。

升级头脑，要借助外脑

有人会问，企业家学筑坝的时候也学补漏，学习咨询师那样的能力，升级了自己的头脑，还要借助外脑吗？其实，很多企业家也是这样做的。找来一个咨询师说，我的企业有问题，你给我诊断一下具体有什么问题。然后咨询师问，你在某一方面有问题，企业家不肯定他说的对不对。于是再找咨询师，找了三个咨询师之后，发现三个咨询师都说是同一个问题。然后，企业家就想，以后不用交咨询费了，这些问题他自己也可以去解决，自己去堵洞穴还省了钱。

但是，这跟医生和病人一样是两个行当。比如你患了病，找来医生治了一次病，你也学了一些医理。久病成医，但千万不要给自己当医生，因为视角不同。一个人如果在企业待时间长了，对问题的敏感性和公正性都会丧失。你自己学了方法，但由于戴着有色眼镜去看问题，往往别人认为是问题的，你认为不是问题，因而看法就会产生偏颇。

所以第三视角是最重要的。因为你站在主观的立场，顾问站在客观公正的立场，视角不一样。一个司机，车开得特别好，那么他能自己修车吗？企业家有能力、有本事挣另外的大钱，不要在这上面去钻研，也不要以为请了咨询师是自己的耻辱。

我曾经遇到过这样一个企业家。他说，杨老师，既然咨询师那么有本事，自己开公司不就得了吗？其实，自己开公司以后就由咨询师变成了企业家，他照样会进入自己的视角。一个企业家必须有这样的认识：你可以做刘备，也可以做诸葛亮，但是你要想做刘备兼诸葛亮，最后就会累死。

所以，不要以为请了高人帮忙是耻辱，刘备请了诸葛亮是他的荣耀，你能和一个高手在一起，说明那是你的本事，不要走出自己的能力区。给别人支招是一回事，自己去做又是一回事。

企业家就像运动员，咨询师就像教练，运动员可能会取得世界冠军，但是他的教练未必得到世界冠军。教练是一个行当，运动员又是一个行当，两个行当谁也不能替代谁。

与其自己乱走，不如请教高手。高手之高是由于视角不同。但是，一个旁观者一旦在企业待的时间长了，也会失去灵感。我的一个朋友是一位博士，他先给企业做咨询，后来不但做咨询，还代理了一段时间的经理人。代理了两年经理人之后，他主动辞职了。

他说，不能再继续下去了，因为该堵的漏洞都堵上了，再继续做就是筑坝的工作了。最能见效的一块他已经做了，补漏的工作可能用两年的时间会创造辉煌的业绩，但是筑坝的工作可能五年也见不到业绩，所以他主动辞职了。

有一些人是擅长堵漏的，有一些人是擅长筑坝的，这是两种工作。在自己的专长上发挥自己的作用，在自己最能产生绩效的地方投放资源是明智的。

为什么有些企业请了外部的顾问，借助外脑还发挥不了作用呢？这就好比很多人请了医生也治不好病，结果都赖到医生头上一样。就像华晨、德隆、三九、健力宝，当时都请了咨询公司，甚至有的请的是外国一流的咨询公司，并且德隆还有一个 150 名研究员组成的战略部门，怎么抓了一堆好牌就打输了呢？他们是因为组合得不够好，而且不管有多少咨询师，最终还是老板的事。尤其是内部咨询师因为身处利害之中，要客观公正，很可能会得罪了老板。这样的咨询师本质上还是经理人，他会有自己的得失利害，然后在改革方案中，身在其中，也会有自己的利害关系要考虑，所以很难解决问题。

班子再大，最后讨论一气，领导一说不对，就要重新讨论，原定方案就都废掉了。这就是大多数老板的写照：有了一个想法，找来咨询师，让咨询师去论证，但是论证出来的结果必须和他预想的一样，如果不一样，他就换人来论证，最后的结果是直到论证出他理想的结论为止。

这和醉驾一样，他已经醉了，还要论证自己没醉。一开始人家说老板你真醉了。他说，我没醉，找人重新论证。第二次人家说老板微醉。老板又说，我也没微醉。第三次人家说老板你没醉，但是你有酒味。老板又否定了。最后论证的结果是老板很清醒，根本没酒味，可以开车。于是老板就开车了，也就发生醉驾了。

用错了顾问，不如不用

在生活中，我们会看到，有些医生说自己是全科医生，什么病都能治，肛肠病也能治，心脏病也能治，眼科也能治，妇科也能治，连兽医都能当，这在过去叫作赤脚医生。现在这种全科医生太少了。

现在说能够包治百病的医生基本都是骗子，所以千万别上当。在管理咨询方面，也有一些咨询师说自己是“全科医生”，其实术业有专攻，神医多为庸医。基本上，咨询师可以分为这样四类。

第一类，解决传播层面问题的咨询师。比如广告、销售、形象等，你请这些专业的人，会让广告费每一分都花得值，发挥出最大的效应。

第二类，解决管理层面问题的咨询师。这比解决传播层面的问题要深奥，有时候传播层面的问题其实是管理问题造成的，你不解决管理问题不行。在管理层面，比如传播的机制、传播的组织、经费都有这样一些问题，所以要在管理层面解决管理效能。

第三类，解决决策层面问题的咨询师。你的商业模式对不对，你是什么样的人，适合做什么，如果一个企业是以踏踏实实为主要特征的，也就是牧人型企业。这样的企业比较适合做生产，一般会持之以恒地做下去。如果一个企业不耐烦做重复的事，反应极其迅速，对市场极其敏感，那么就是猎人型企业。这种企业比较适合做风投，甚至可以做媒体、做咨询。

一般项目型的企业，猎人的特点会比较多一点。如果说企业的团队非常有知识、有核心技术，属于精英，那就做精英型企业。如果企业的团队没有知识，反应不够快，也没有持之以恒，也能做得成功，这种企业叫贵族型企业。因为它们有很多关系，会拿来优质的资源。贵族型企业就要走垄断资源、整合资源这条路。所以，在给企业做咨询的时候，必须在这个层面提供一些决策，帮助企业规划到位。企业家必须明白咨询师有没有这个长处。

第四类，解决修为层面问题的咨询师。企业最高领导人的修行和品格这个层面是最高的层面。这个层面的咨询顾问，也就是过去的帝王之师、领袖之师。一个领袖如果没有老师是悲哀的。如果你是大雾中的领跑者，一定要有更多的智慧来开拓，一个领袖身边会聚集很多高能量的人物。有的是一次之师，有的是一事之师，还有的是一世之师。你有了老师，就不会孤独，别人敢给你提意见，那你就可以时刻保持清醒。所以，很多时候，与其升级头脑，不妨借助外脑，把外脑变成内脑。